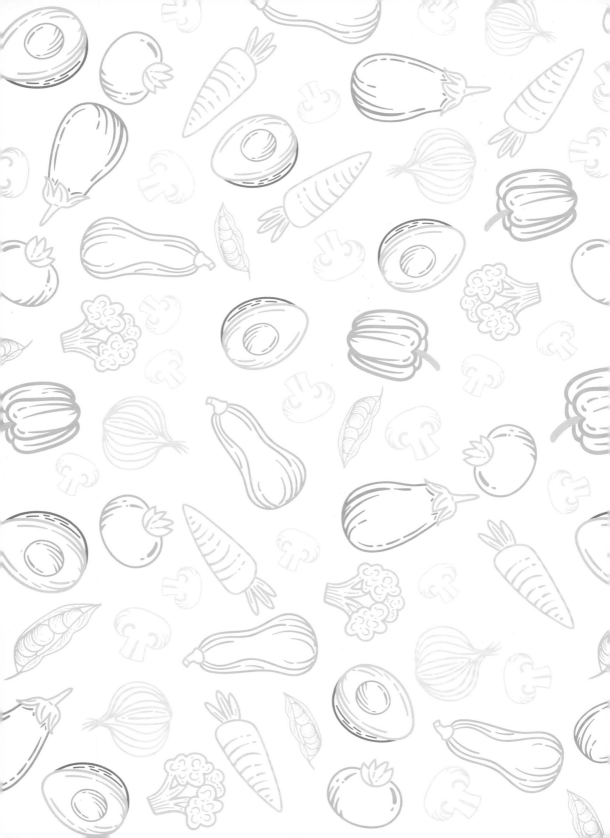

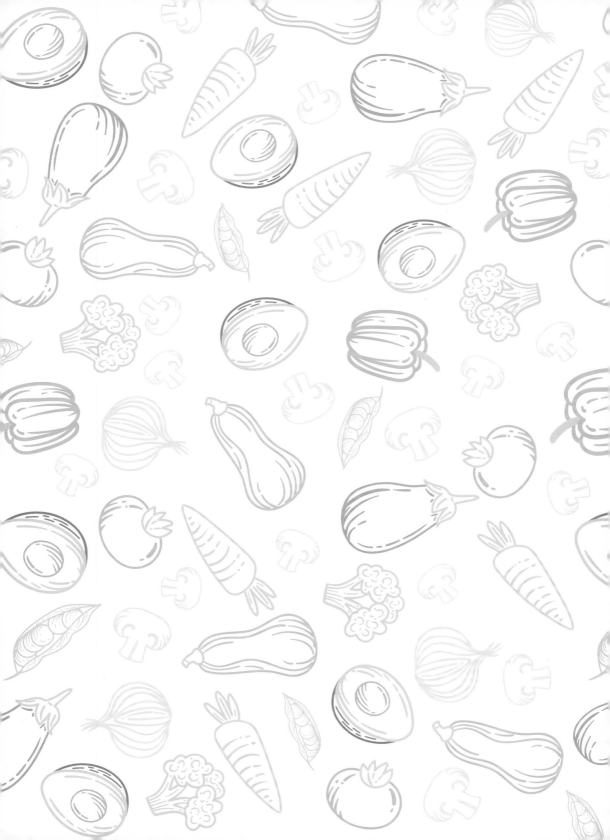

第一本校園食農全紀錄

一步蔬果
小農雜學力

賴秋江╳王彥嵓——著

讓食農的距離不再遙不可及

李法憲有機農園負責人／李法憲博士

早期農業社會，「食」與「農」本來為一體，農夫種植目的就是為了吃，農作物通常從鄰近產地而來。然而隨著都市擴張，將農地一步步蠶食鯨吞，讓都市人離農業產地愈來愈遠，跟農業的連結愈來愈模糊，只剩下超市架上排列整齊的農產品，或菜市場攤販的吆喝聲，若農業與都市的關聯只剩農產品的買賣關係，農業存在與否對都市來說不再重要，這樣的情況會讓本土農業發生不可逆的後果。

在自己的農場及學校進行過好幾場農業教育課程，就是希望能帶給學員們認識不同農業的機會，努力想讓農業的真實價值呈現出來，讓大家願意用不同角度來欣賞認識農業；然而在有限的人力與時間前提下，這樣的努力擴散出來的效果與影響力還是非常有限，終於——2022年5月，政府通過「食農教育法」，讓原本已斷裂的「食」與「農」重新有了連結的可能，讓本土農業的永續發展出現了絕佳的機會。

「食農教育法」，使學校老師對農業教育課程有所依據，再加上政策的鼓勵，讓許多有心的老師在各自的學校及專業領域裡，經營各種有特色且具創意的食農教育內容；透過教育，將農業豐富有趣且帶有生命力的價值感傳遞給下一代，重建他們對農業正確的認識與鄉土的認同，

也藉此機會建構下一代正確的飲食與健康觀念，從中延伸出的期待，就是大家一起珍惜本土農業的永續發展。

　　帶著這樣的期待，讀完了這本《一步蔬果‧小農雜學力》，我看到都會型學校在有限條件下，將不可能化作可能，並因著熱情與創意，一步步將食農教育課程內容從基礎種植體驗，延伸到環境、飲食、美學、文化等不同教育面向，甚至在王彥嵓校長的全力支持下，課程開外掛兼容異國美食文化體驗、味覺體驗、生態營造、行銷、設計、品牌、模擬商業活動等，甚至跨領域學習時下最新的SDGs議題等。

　　在老師們的引導下，學生透過討論，自由發揮創意，每位學生都能真實體驗到最豐富完整的教育內涵。更棒的是，這本書完整揭露各種教學心法，讓有心從事食農教學的老師有清晰的步驟、方法與建議可供參考依循，減少老師們備課的壓力與時間，簡化課程設計規劃流程，同時提高教學意願，並確保執行成果，是有意從事食農教育工作者的實用參考書。

　　「一步蔬果」，雖然講的是從教室到陽臺的一步距離，卻也代表了從「想做」到「落實」之間的距離就是一步之遙而已，跟著這本書，做就對了！

農小白種植奇幻之旅

詩人、作家／吳　晟

找一處尚未被水泥封殺的地，感受一下土壤的溫潤與生命力。

找一處好土，埋入種子，食農小白種植的奇幻之旅就展開了。

　　世界首善之都法國巴黎的西南社區，擁有一處名為Agripolis的城市農場，目前是全世界規模最大，利用屋頂與廢棄頂樓作為植物生長場域的「城市農場」。這個農場以不施化學藥劑的種植原則，規劃每天將生產超過30種，2000磅水果蔬菜，用來供應城市餐飲業的需求。城市農場的創立，大大減少了食物運送旅程的能量消耗；更為擁擠都會區，創造了一處美麗的景點。

　　日本種植實踐家兼寫作家——鹽見直紀，出版了《半農半X》一書，提出「讓自給自足農業與人的生命理想，齊頭並進的生活方式」，啟發了眾多願意勞動生產，追求自我價值定位的現代人。

　　繁華的高雄市區，擠身林立大樓之間的「新上國小」，校園內要找尋一處沒有被水泥覆蓋的土地，真不是容易的事情。而高雄市農業局送給學校的一大把蔬果種子，就像「芝麻開門」故事一般，在校長王彥嵩，與一些老師努力下，開始整理教室前花臺，將苟活在花臺上的強勢

外來種植物清除，種下多樣蔬果小苗。從此，全校師生開啟了一場農耕，飲食，生態，人文，藝術交融的食農教育體驗。

這一場種植的奇幻之旅，一開了頭，再也停不下來，足足八年以上，隨節氣的腳步生生不息的循環，從幾個班級開始到全校師生，接著家長的投入，更引進各方面支援的力量，激起整個生活社群人的興旺活力。

農作事業，絕對是一項必須專注投入的事業，起心動念開始，要有勇於付出勞動的毅力，具備不離不棄的責任心，面對種植失敗的挫折，注入情感的關懷，才能期待歡欣採收，喜悅共享美食的成果。

賴秋江老師與學生不間斷的執行，觀察，從挽起袖子，脫下鞋子，大膽揉土開始，舉凡勞動技巧，生態學知識的研究，有機質回收再利用的永續循環，一直到烹調廚藝的精進，社群數位平臺的連結、分享，傳播等等技術的建立，都一一詳實記錄，並隨時拍攝各種實作影像，編輯，整理成書，留下所有努力過的點滴軌跡。

這一場種植的奇幻旅程，從校長、師生開始，連結到父母、阿公、阿嬤，整個生活社群人，全都浸淫樂此不疲的種植氛圍當中。這一股「農小白種植樂」的美好感受，從「新上國小」泛開，連結整個社會脈絡，受到藝文市場的青睞，即將為這一場「農小白種植奇幻歷程」，出版精彩的書本。

這本諸多真實經驗串接起來的書籍，具有實用性的科普知識，和激勵人心的勵志情懷，而且圖文並茂，讀起來非常容易融入，可以提供同樣懷抱「半農半X」理想的都會人，找尋一小處好土，創造美麗的食物花園。

你農我農的農趣生活

兒童文學作家／陳郁如

　　跟秋江老師在網路上一起分享「農」情蜜意已經好幾年了，我們常常互寄照片，她送我番茄照，我回贈櫛瓜照；她給我看小黃瓜的脆綠，我給她看石榴的豔紅。你農我農的，非常有趣。

　　每次看到她的照片，都萬分佩服她的行動力，這次，她把整個從農的過程記錄下來，看得好過癮。真心覺得她的學生好幸福啊！可以親身體驗泥土的力量，植物生命的美好。從種植開始，到收成，到食用，甚至到後來的行銷，販賣，做公益……整個不只是「種菜」而已，是一組

完整的生命體會。我看到孩子對知識的好奇，我看到孩子們之間溫暖的互動，我看到他們把點凝聚成面，讓收成不只是個人的品嘗，還有延伸出去，跟社區的互動。秋江老師跟王校長在整個過程的引導上，有很重要的角色。我看了覺得真的很感動。誰說臺灣學校只重視成績？只重視升學？在這本書中，我看到更多層次的學習跟領悟。

　　我跟先生也在院子種植很多蔬果，所以我很能體會，可以吃到自己生產的食品的那種成就感，如果你也有興趣，可以跟著秋江老師的腳步來嘗試自己種植，不需要地大，看秋江老師教你如何在高樓的陽臺上，也可以種出兩百公分高的玉米。如果你沒有機會也沒關係，閱讀這本書，絕對可以在文字間感受到這些農作物帶來的美好經驗。

那一片農田可以在教室窗外

教育部國民及學前教育署副署長／戴淑芬

「食農教育法」在2022年5月4日公布，該法第4條規定，食農教育的推動，包含支持認同在地農業、培養均衡飲食觀念、珍惜食物減少浪費、傳承與創新飲食文化、深化飲食連結農業，及地產地消永續農業。教育部負責主管學校與幼兒園食農教育的規劃、推動與督導，配合新法施行，希望能善用多元教育的方法，培養國民瞭解基本農業生產、增進飲食、環境與農業連結，促進農業及環境永續發展。

但儘管中央積極努力為各級學校布建食農教育資源，提供學校運用，農委會亦規劃了至少達300家的農業場域，提供學校配合戶外教育實施，卻還是屢屢接受到質疑──都會地區四處水泥叢林，哪來空地耕種？校地面積充裕的學校，或許會在校園某處開墾一塊田，作為學生體驗農作的學習場域，校地不足的學校，通常必須帶出校外。令人驚奇的是，高雄市新上國小，以一個位在都市蛋黃區的學校，把腦筋動到教室外的走廊花臺，就在教室窗外，老師帶著學生開墾農田，鬆土、澆水、播種、耕耘……這是多麼奇妙的經驗啊！農田就在窗外，四季作物玉米、番茄、絲瓜依時生長，而螞蟻、蝴蝶、蜜蜂、蚯蚓、菜蟲、小鳥栩栩而生，就在學生眼前。

食農校育，其實並不困難啊！新上國小帶出食農教育的典範，走出教室就能看見自己的田，每天可以巡它千百回。我訝於新上師長帶領學生們如此巧思，將走廊花臺經營成可以耕種的農田，並且歷經五代九年；也佩服師長的毅力與堅持，這顯然是需要整合資源、溝通獲得共識，才能持續前進的團體動能。

　　在教學的內容上，新上國小在走廊農田裡，不只耕耘作物，也從植物成長與來訪的小生物中，帶出生命教育的故事，讓學生體認生命的共榮、共好、共存。環境永續的概念是小學生不太容易體會的，但新上國小藉著走廊農田，帶學生觀察陽光、雨水、作物出芽、結果，從生命興衰，培養對環境永續的關懷，甚至透過作物義賣，將所得捐助回饋社會，延伸社會公益，實踐施比受更有福的道理。由此可見食農教育課程所涉諸多課程內涵，既深且廣。

　　盼此書的出版，能讓更多人瞭解，食農教育可以如此簡單，那一片農田，原來可以就在教室窗外，每個學校都可以一起來試試。

我，怎麼會是種菜的料？！

　　還沒種菜之前，壓根沒人覺得我會種菜；種了九年菜之後的今天，有一群人依舊拒絕相信我會種菜！而且還算種得有聲有色。

　　的確，種菜從不在我的生涯規劃內，更不用說會出現在我個人的人設中，但教學就是這麼好玩，突然其來的一堆種子，規劃與人設都一一崩解了！

　　教室小農真的是個人生意外與教學驚喜，從玩玩看、種種看開始，我竟然帶了一班又一班的學生當起教室小農，而且愈種愈多，愈玩愈瘋（豐），不但收成後眾人開心吃，更一路開外掛玩到餐桌美學、品牌創立、食譜寫作、包裝設計、產品行銷，甚至最後走到用一顆種子實現公益共好，這一路上的意外與驚喜通通來自「一步蔬果」。

　　其實，從沒想過要將「教室小農一步蔬果」化成文字，因為有太多太多的種植細節、師生互動、學生對話、教學引導、親師合作，甚至各種動物、天氣都來摻一腳演出，重點是我從來沒有試圖要去整理過，除了之前與農友一起參加親子天下創新100外，多數時候都僅僅在網路上分享一些有梗的事，玉米窗簾、小黃瓜罷工、挑戰吃茄子或洋蔥開花等教室小農日常。

在出版社幾次誠心力邀下，我終於還是說服自己把這些故事一個個記錄下來。一把在菜市場幾十元就能買到的葉菜，一把在市場都是被當成贈品配角的蔥蒜，一顆顆在營養午餐中不受青睞的小番茄，從種植到收成有好多的眉眉角角，都成了親師生的寵兒，也都能各自獨立成為一篇篇精采絕倫的動感故事！

我寫，因為一步蔬果走了九年；我寫，因為教室小農歷經了五代，我想寫，是因為食農教育真的不難；我願意寫，是因為這些小農女及型男農夫在食農教育中的改變被看見。

別設限也別有壓力，想種什麼就種什麼，想玩什麼就玩什麼，用樂趣與新奇帶著孩子一起開心當個教室小農，無論在都市或鄉村，都能就地同步實現SDGs。

關於種菜，無須成為專家，只要斜槓就好！

大地好學堂，小農好心腸

　　我擔任新上國小的校長，這是一所在人口極為稠密的區域，周遭盡是水泥叢林的學校，時常想像城市高度發展下的學校的未來，會是怎樣一個景象？是任憑經濟活動持續帶給大地無限的負擔？或著可以另尋出路，用心靈、文化、美感來思考未來，讓這塊大地感動人們，將善的憧憬深植兒童稚嫩的內心。

　　原來，關鍵不在營造了多少雄偉建築、多少人造景觀，而在有生命力的自然植栽，在四季流轉下，植物會變換不同的色彩、樣貌，學校老師們的教學方案，帶入了許多大地的養分，除了知識的學習之外，自然萬物原來也是很稱職的老師，和煦的陽光、溫潤的水分，還有鬆軟的土壤，佐以稚嫩天真的童心，植物們一天天成長，鳥兒和蟲兒加入這個大家庭，隨時共舞著，一點一滴回應了教育理想。

　　這個農作計畫，以在意「做了什麼讓自己感覺美的事情」，取代過往著重「做了什麼轟動的事」為導向的活動，原來這是一場華麗的冒險……全校各年級師生也樂於將動手栽種的學習，納入正式課程中，設置在教室前的花圃，隨著不同師生的需求部分改闢為菜圃，四季都是收成季節，展延出豐盛的味覺美感體驗，歡笑聲此起彼落，植物成長帶給

孩子心靈無比豐美的滋潤。

　　秋江老師總有許多教學好點子，即知即行，即起即作的個性，好像深怕錯失了一閃而過的靈感，會陷入失落與失眠，比我這急性子行動者的校長還要瘋狂，推著我完成了好幾年的小農實踐學。如以小農美學為核心的全校校訂課程，開始定期提供老師們免費的自選菜苗、沃土、有機肥料和工具，收成季節設立小農文青超商，將小農組織販售融入理財教育，拜訪社區知名法式餐廳，拉了國際型廚和老饕董事長帶路，到學校辦美感味覺教育活動，邀請有機農場主人，暢談農作與土地的情感。更進一步把學校的一些角落，改造成野餐聚會場，藉由農作物拉近大家的情感……這都市教室走廊外那一小方寸菜圃中，彼此激發出足以帶入豐富知識學習的美感與食農課程，令人開心。

　　這本書，記錄了一次次師生彼此因為食農教育而激盪的火花，也承載了一口口因為五感滿足而低吟的美感，我以校長的角度，書寫了學校行政夥伴，如何將瘋狂的想法納入學校運作的日常，如何撩起衣袖一起翻攪黑土，以行動支持師生們進行式的土地革命，因為，這來自大地的初心，回歸良心。和秋江老師共同用良心堆疊出這些文字，筆調時而嚴肅，時而輕鬆自在，因為——

　　我們不只耕種，我們滴下的汗水，耕耘善心地，也滋養好心意。

目錄

第一章

小農基本盤：
從自然種植一路到神奇豐收

Lesson 1 小農誕生史

第二章

小農加速器：
從創意發想到多元學習

第三章

小農開外掛：
從跨域課程延伸到無限公益

Lesson 12 小農公益站

第四章

小農補給站：
從農作知識SDGs一路掃碼到食農狂想曲

《一步蔬果・小農雜學力》 使用說明書

　　請務必詳閱說明書，才能當個快樂都市小農女或型男農！

　　當農夫從來就不是一件簡單的事情，要在都市當農夫更是不容易，如果你又想在都市高樓的教室走廊當起農夫玩起食農，那鐵定要求神問佛了！

　　不過，現在有了這本書，讓一切變得簡單容易了！只要照著《一步蔬果・小農雜學力》使用說明書一步一步來，食農教育從種植基本盤開始一路走，接著轉檔到創意加速器，最後甚至讓你玩到無限開外掛都行，只要你願意加入，你會驚覺「原來食農教育也可以這樣玩出無限可能！」當然了，哪天要成為現代都市版神農氏也就不意外了。

小農基本盤

給想嘗試種看看的準新農友

看標題就知道這是成為教室小農的入門基礎，就是要給從零開始的你，你說你是一張白紙怎麼辦？是「食農小白」可以嗎？沒問題！五門食農教育必修通識課這裡通通一次開給你來上。

從小農誕生史開始，帶你找塊適合的田地，接著小農養成記登場，從募集小農、鋤草、澆水、巡田、照顧及觀察等農作基本功著手，再來尋求外部支援與資源，手把手帶你如何善用小農日記，讓肥料、菜苗永不斷貨；然後超佛心的跟你分享種植過程中令人驚訝的小農冷知識，務必認識蚯蚓及香蕉等神隊友，知道各種蔬果的怪奇個性與毛病，請順著毛撫摸包準每樣蔬果長得頭好壯壯！

最後華麗出場的就是小農豐收祭，這應該是令人興奮期待的時刻了，怎麼拔？怎麼摘？連拔河隊都得請出場。

重點來了，每一篇除了有故事、有知識、有常識外，最後還附上【教學提示機】及【XX教會我的事】，讓農友可以將這些知識及常識運用在各類教學、班級經營或日常生活上，而不只侷限在食農教育。

其實，食農教育到這邊就夠你玩好久，這五門課修完應該就可以領到農友證了。

小農加速器

給入行1至3年修完五門食農通識課的農友

當食農基本功練就完成後，就可以進到這三門進階版的選修課程了。「小農環保課」應該是最貼近教學現場也最日常，實施起來也容易方便融入課程，尤其小學生是環保做得最徹底最認真的一群；至於「小農創客營」提供了許多動手做的活動，這孩子鐵定很愛，不管是自製澆水器及蔬菜牌、搭鷹架、設計鳥屋，甚至挖水道兼正大光明玩泥巴，都可以依學生喜愛與時間來個自由挑選隨意組合。

最後上桌的是「小農雜食堂」，提供了滿滿一桌料理，就算沒滿漢全席也能當喜宴料理，喜歡哪道菜就料理哪道，不管是冷盤或開胃菜、韓式料理或臺式菜湯，或是水果切盤、下午茶及披薩麵包，甚至舉辦蔬菜品嘗趴、型男主廚到你家、星空早餐吧的歡樂饗宴，通通應有盡有，而且簡單到你會怕，怕自己瞬間成了米其林主廚！

當然了，每一道料理的後面都附帶著【教學提示機】，讓你在食農實施上更得心應手減少失敗，就算沒能當上星級廚師，地方媽媽家鄉菜鐵定沒問題。

小農開外掛

給入行多年已不知還可以玩什麼的資深農友

如果你跟我一樣玩了食農教育很多年了，或是已經資深到可以出師了，這時就該踏出舒適圈來跨界玩玩新創意。

「小農美學館」是我超愛的一環，不只是生活中處處有美感，小農也要顛覆刻板印象玩美力，蔬菜花包裝、商品攝影、海報設計，甚至敲碗販售的文青袋及雷雕木盤，在在翻轉過去農業的面貌。

「小農行銷學」也是我的愛，光是品牌成立及LOGO設計就玩瘋了，再加上QR Code掃一下及微文青的商品包裝，都能讓產品質感瞬間提升能見度；而「小農文學院」則是完全搭配國語課程而設計的，簡直是一魚多吃的課程，老師教起來有感，學生寫出來有料，無論低中高年級都有適合寫作的議題，就連學生都能當起記者寫篇新聞報導。

最後，是我覺得超有意義的「小農公益站」，透過產品義賣、競標，讓孩子知道原來一顆小種子也能做大公益。這些當然也都貼心附上【教學提示機】，讓你在開外掛的同時，也能在跨界玩得起勁有深度。

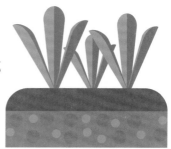

小農補給站

給各地志同道合農友的一份私藏彩蛋

這裡就像同場加映，是一種完全免費加值服務的概念，就是想要分享給志同道合的農友們更多關於食農的一切資訊。

從小農知識庫的知識網站，可以讓你查到最正確的農作知識；最近議題正熱的SDGs與食農教育法如何無縫接軌搭上；過去九年來教室小農的各式活動精采影片都能讓你掃一掃QR Code就能進入，彌補純看文字的想像。

另外還提供了蔬菜種植時間軸與24節氣表，好讓你跟著時間種植當令蔬菜；更獨家分享了小農PPT及我腦中的未來小農狂想曲。

這一切的一切，就藏在補給站的彩蛋中等你挖掘。

最後，再次提醒各位農友：

「小農一定有成敗，種植蔬果有美醜，入行前應詳閱前述說明書。」

第一章

小農基本盤：

從自然種植一路到神奇豐收

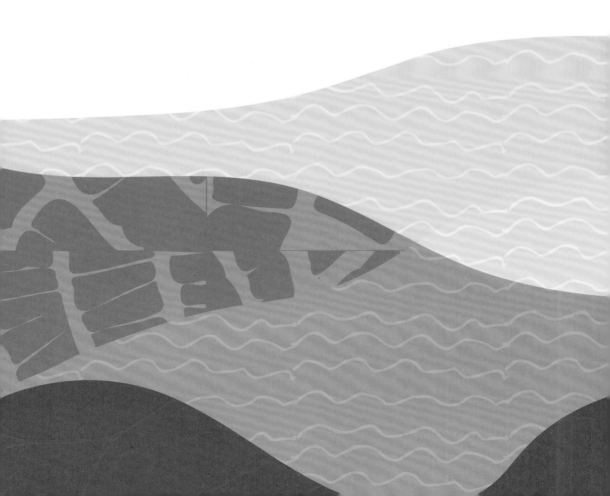

Lesson 1 小農誕生史

我是一位國小教師，帶著一屆屆學生，在都市叢林的高樓中，當起「教室小農」，很不可思議吧！但它真實發生了……。

我們學校地處都市的市區，要說它是蛋黃區也很可以，所以周遭根本看不到半畝田，有的就是各大百貨公司、各式賣場及捷運和輕軌路經，很難把農作跟學校學習連結在一起，更不用說當起小農了，「假日農夫」或許是學生體驗農作的唯一平臺吧。

但高雄市農業局免費蔬果種子的到來，卻意外啟動了我們這些「都市俗」的教學新思維，突發奇想的我們將走廊觀賞用花臺變成了一塊塊農田，而「無心插柳柳成蔭」的第一次豐收，更讓我們有了信心與勇氣帶著一屆屆學生當起了小農，一起動手農作、觀察學習、餐桌料理、美學包裝設計、自製農產品、行銷義賣到公益回饋及社會共好。

我們不但在農田中一同學習與突破，了解蔬果生態、農作智慧和人與大自然的連結，更感恩土地的奧妙，善用「一顆種子」回饋社會。後來更創立「教室小農 一步蔬果」品牌，經過9年走廊農田，五代教室小農，一路來到2023，「教室小農」依舊在都市高樓開心的當著小農女與型男農。

1-1 天外飛來的種子

許多學校走廊的陽臺都有花臺，我們學校也不例外，種植著萬年觀賞植栽，就算三五天不去澆水，幾個月不去理會它，依舊活得好好的，萬年植栽可不是浪得虛名的。但觀賞用植栽就是觀賞，每天孩子走過來晃過去也鮮少有人會去注意它或親近它，更不用說會成為老師教學或學生學習的一部分了。

不過，每件事總有開始的契機，想想這都得感謝高雄市農業局為了推廣食農教育，送給各校一大堆種子，有興趣的老師就可以免費索取。當下的我只想著「既送之就拿之」，拿了再說吧！於是就去領了自己敢吃也愛吃的種子開心的帶回教室。還記得那時帶回來的種子有：番茄、絲瓜、花椰菜、空心菜……，一切的故事就此神奇的展開了。

教學提示機

關注並善用各種資源： 學校會有許多豐富的教學資源提供，很多縣市政府或私人資源也都透過學校平臺來放送，甚至一些單位都會在自己的官網上發布相關消息，老師只要有心到處「巡水田」一下，都不難從這些「眾多資源」中尋找適合自己教學的利器與配件包，但請記住，「既拿之則用之」才不會浪費這寶貴又免費的資源。

機會教會我的事

主動爭取現有機會： 機會有二種，一種是主動去爭取，另一種是直接送到面前來，無論哪一種，確實把握住才是首要關鍵，機會掌握住了，成功就悄悄來敲門了。

1-2 萬年觀賞植栽，再見囉！

種子是帶回來了，然後呢？一堆問號開始出現：

到底是要種在哪裡啊？

到底該買幾個小盆摘來種嗎？

學校哪裡有空地可以種？

是要每天跑到一樓去種植嗎？

難不成學別人去「租」一塊田來種？

想想，好像每一個都不是最佳方案，有些甚至不可行！看著教室外的花臺，看著那萬年觀賞植栽……腦袋突然閃過一個想法，就是這裡了！沒錯，我要把萬年觀賞植栽通通「斬草除根」。

行動派的我立刻利用一節空堂，徒手拿著小剪刀開始，一株一株的奮力拔起，拔到手都破皮，拔到下課教室內的學生都出來了，你一句我一言的問我：「老師，我們上課都在想，妳到底在做什麼？」哈囉~~老師在努力斬草除根沒看到嗎？還不快來一起拔、一起除草，杵在那邊做什麼？於是在師生的合力下，教室外這座陽臺的萬年觀賞植栽就這樣硬生生被迫跟我們「說再見」！

看著花臺內空無一物只剩一堆土，再看看滿地被連根拔起的萬年觀賞植栽與雜草，心中頓時滿出來莫名的成就感，而半路一起加入的孩子也跟著HIGH起來，然後接下來的幾節下課，就讓這群孩子假

借挖土鬆土名義，正大光明的開心玩土。

此刻心中突然想著：原來「大力破壞」是一件這麼開心的事呀！可見現代都市人，不管大小朋友的心中都壓力山大！

🍅 教學提示機

◆ **師拉生合力完成任務**：教學就是教與學的合作，很多事情老師一人或許也能獨立完成，但如果能善用一些技巧，吸引學生主動前來幫忙，二十幾個臭皮匠絕對狂勝一個諸葛亮，而且與學生共同解鎖任務後的那種成就感，絕對遠遠超過獨自一人擁有的喜悅。

◆ **大力破壞後的重建**：日常中很多一成不變的事物是需要有勇氣去破壞它的，教學現場更是如此，「過去就這樣」的思維很容易讓教學陷入困境或泥淖，這時不用懷疑，砍掉重練一點也不可惜，因為唯有打破舊有框架才能看見教學新生命力的再現。

🍆 主動教會我的事

主動伸出援手：看到大人在忙，能主動加入協助一起完成工作，這種「主動熱心」的態度從學校延伸到家庭，甚至習慣成自然到社會，都是人見人愛的優質男／女。

2 小農養成記

　　教室小農可以說是從零開始，既然開始了就要持續下去，所以每一次帶到新班就是新一代小農，管他低年級還是高年級，人人都是都市小農女跟型男農夫的不二當然人選。

　　當然，當小農也是要教學要學習的，就從勇敢接觸「髒」泥土開始吧！接著學習種植各種蔬果種子與菜苗、日日澆水，下課三不五時還要去巡田觀察並關心植物，甚至遇上了螞蟻、蜜蜂都要試著去和平解決，這些都是小農養成記中的基本功。

　　接著就是種植過程中會遇到的天災人禍，可能颱風來攪局，也可能照顧不周而導致植物死亡，這都是小農得要去面對的現實與真相。

　　所以，認真當小農就是我們對農夫的最高敬意！

2-1 人人都是都市小農

花臺萬年觀賞植栽大力破壞後，就是重建的開始。我拿出一堆種子，謎底終於揭曉：「花臺要來種蔬果啦！大家想不想一起來種呀？」我這樣跟全班學生說。

學生一聽到種植也樂了，畢竟過去只有自然課體驗過，而且是種在小小的花盆內，現在竟然是老師要帶著大家來種菜，而且還是種在走廊外面的花臺上也太妙了吧！於是我開始把手中有的種子種類全介紹過一遍，然後分組讓學生「自行認種」，喜歡吃什麼就來種什麼吧！

接著把花臺分成五等分，一組分到一小塊田地後，並簡單的解說。所謂的簡單就是跟學生說種子埋進土裡再澆水就對了，重點是不要種錯田地呀！而各組學生也真的就這樣開始「埋下種子」，一切跟著老師就這樣傻呼呼的在走廊花臺種起蔬果，當起了「都市小農」。

當然了，好事怎麼只能自己來呢？接著就是幾個人「樓上揪樓下，左右鄰居通通一起來」轉行，一班邀一班，一班接著一班，從一樓到五樓，大家也跟著斬草除根當起小農，愈揪愈大團，愈來愈多班級在老師的帶頭下，也一起當起都市小農。

我們就是從一開始幾個班級的「玩票性質」——種種看開始，到最後各樓各層好幾十班都在不同時間點，因各自左鄰右舍的邀約而入行當起小農，每一座花臺都成了都市傳奇中的高樓農田，而每一位學生也都成了學校傳奇中的教室小農。小農養成記就此展開。

🍅 教學提示機

◆ **尋找志同道合的教學夥伴**：在教學路上，大家都知道一個人走的快，但一群人就能走的遠。許多活動有同伴一起合作參與鐵定會有更多火花產生，你可以就近找隔壁班鄰居，也可以求遠跨學年合作，一個班有一個班的精緻，許多班有一群人的力量，而這些都是能讓我們「教到老到退休」的祕密神器。

◆ **讓每個學生都能參與活動**：當農田不夠大時，可以透過分組讓孩子一起種植一塊農田；如果農田夠大時，就能讓每一個學生自己種植一個小區域，不管是整組合作型或個人責任制的方式，都能讓每個孩子有參與感，這是班級活動要成功很重要的關鍵——人人都參與其中也樂在其中。

🍆 當小農教會我的事

樂於學習新事物：學校正規課程學習外，還有多元的活動課程，遇到了就要懂得抓住機會，尤其當有人帶著做或熱情邀約時，千萬別忘了跟上車，一起往新世界前進。

2-2 什麼都種什麼都不奇怪

　　記得第一次種植時，帶回來的種子有番茄、絲瓜、花椰菜、空心菜和玉米等，慢慢的經過一年又一年的經驗累積，加上師生好奇心與想嘗鮮的作祟心裡，沒錯！就是一種「什麼都來種一次看看的心態」，讓更多蔬菜陸續出現在高樓農田了。

　　種植的種類包含番茄、玉米、花椰菜、高麗菜、空心菜、蘿蔔、小黃瓜等常見蔬菜，接著各類吃過但卻不知其名的生菜、各種擁有可愛名稱品種的萵苣、各式餐桌上會出現的葉菜類等，都一一登場，就連蔥、韭菜、九層塔、辣椒、芹菜等配角也都陸續種下去，而最特別的是榮登最討人厭的茄子及孩子不愛吃的秋葵，還有厭惡與喜愛擁護者各有的芫荽（沒錯，就是俗稱的香菜）我們也沒在放過，全部都來種一輪，就只因為有趣與嘗鮮。

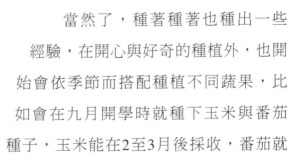

　　當然了，種著種著也種出一些經驗，在開心與好奇的種植外，也開始會依季節而搭配種植不同蔬果，比如會在九月開學時就種下玉米與番茄種子，玉米能在2至3月後採收，番茄就

能在期末陸續收成，寒假過後再持續收一波；而蔬菜也是，冬天就種火鍋與湯圓必備的茼蒿，冬至時在學校煮湯圓就能直接採收加料，簡單輕易的就實現「自給自足」的生活型態。

記得有次跟薩提爾親子專家李儀婷在閒聊，聊到小農種植的種類時，我誇下海口說：「只要你說得出來的我們都種過！」然後半信半疑的她開始一種接著一種蔬菜說出來，只是不管她說出青椒、茄子、萵苣，我都回她：「種過啦！再來一個！」當然就更引起她莫名的挑戰鬥志。記得她最後說出「秋葵」時，那種「我就不相信你種過」的語氣，我卻又再次打擊了她，因為我們都真真實實的在陽臺種過！而且不只一次！

最後她只有佩服我們了！也驚訝教室走廊的花臺竟然可以做到這樣，重點是還都種得成功且豐收，我只能說教室小農真的「什麼都種什麼都不奇怪」。

🍅 教學提示機

◆ **勇於嘗試新鮮事**：教學中很多事不做不會怎樣，但做了會很不一樣，光從種植各種蔬果就足以應證這一點。沒種過就試種看看，頂多失敗沒收成，或許還能從中求取一些經驗與知識；但如果成功豐收了，那種喜悅是會加倍回饋。教學路上不也如此，很多活動看似不會成功，如果就此罷手或許就看不到學生因活動而帶來的笑容與開心，老師自己因教學上而獲取的成就感，不也是嗎？

◆ **無形中置入季節種植知識**：每一種蔬果都有適合種植的時節，雖然有些葉菜類一年四季都可以種。老師在帶著學生種植時，其實可以偷偷置入「季節種植知識」，在不同的季節選擇適合的蔬菜來種植，學生在種植時就會記得開學時種下什麼？寒假過後又種了什麼？無形中就會將蔬菜與季節做連結了，知識根本就不用刻意背就記憶了。

🍆 什麼都種教會我的事

快樂嘗試新鮮物：日常生活中隨時隨處有新鮮物冒出，本著開心快樂的心態去面對一切新鮮事物，讓生活處處充滿樂趣，也定能從樂趣中找到無限可能。

2-3 土壤看起來好髒喔！

　　對於我們這世代的人來說，小時候玩泥巴作泥巴球，甚至用泥塊堆土窯都是稀鬆平常之事，雖然搞得一身「媽媽覺得髒」也依然樂在其中；但現在的小孩可不同了，雖然還是有一批不怕泥土的學生，但「怕泥土」的也沒在少！真心覺得是大人從小教育的遺毒──「土是髒的別亂碰，碰到衣服髒ㄅㄅ的很難洗之類的」所導致。

　　所以每次在種植時，不管是埋下種子或是種下菜苗，都會撇見幾個學生伸出「一指神功」就想把種子或菜苗種好，這時我就會在他旁邊直接泥土一把抓，然後笑笑的說：「哈囉！這位，不敢碰土嗎？是覺得土很髒還是怎樣呢？其實土很乾淨的，你看老師我的手都是泥土，等一下水沖一沖就好了呀！還可以順便澆水。」然後就請他們大膽的伸出「十指」好好的把種子埋好，好好的把菜苗種下。

　　基本上當老師都這樣以身作則後，小農們都會在驚訝中照做了，害怕土的原因眾多，看起來顏色髒髒、摸下去軟軟的、裡面可能有蟲，最扯但也最直觀的答案就真的是「直覺就是髒」，這真的是土的原罪呀！為什麼你偏偏要這種顏色？

　　其實每一代小農中都有這樣的學生，可能是被大人教育不可以玩土，也可能是看到土的顏色就把它歸到髒色系，其實就像俗話說的「進廚房就不要怕熱」，那同樣的「當小農就不要怕手髒」！讓學生了解並改變觀念進而親近泥土，的確是需要也必須的一環，只要種植

或整理後確實做到把手洗乾淨即可。

　　土，其實不髒！這個原罪何時才能在人的刻板印象中清除呢？

 **教學提示機**

破除既定或刻板印象：除了土壤，我想還有不少事物是被歸類到「髒兮兮」類吧！教育現場也是一樣，倒垃圾、清嘔吐物、掃狗大便……都會被學生嫌髒，只要老師先以身作則，親自示範並讓學生以正確的心態與方式來面對，就能破除這些髒兮兮魔咒。其實，若是事物也就算了，最怕是班上有「人」被歸到這類，問題才真正要浮現。

泥土教會我的事

試著看見內在的美好面：很多人事物都不能只看表面，看似醜陋的外表或許內心是良善的，不是有一首歌〈我很醜可是我很溫柔〉就是在說明這一點嗎？試著學習讓自己看透、看穿，別讓自己的價值觀被外在給綁架了。

2-4 每天巡它千百回

過去許多學校也都在推食農教育，會在學校一樓或是外面開墾一塊農田，然後帶著學生出去當小農，一星期一次甚至一個月一次，當然也獲得很好的成效，只是每次要務農都像是要「舉班大遷移」一樣，時間與效益都是打折的。

但我們就不同了，一開始就講到了我們學校位在市區，就算有心想找塊農田還不是普通的難！然而，因為都市、高樓，陰錯陽差的我們把腦筋動到了走廊花臺，這也意外讓走廊農田成了優點，也因為農田就位在教室外走廊，學生踏出教室就是了，所以要說每天巡它千百回也不為過，而這成了走廊農田的亮點。

因為踏出教室就能親近，所以每天巡田變得輕而易舉，跳完繩巡田去成了學生的日常，就算下課在走廊閒晃或聊天，放學在走廊排隊時，都能給它巡上一回。也因為如記錄，下課晃過去看一下，放學走過去瞄一下，時時觀察植物的變化就是最好的紀錄，這不也是落實自然素養課程的最佳模式嗎？

除了時時觀察外，澆水這基本功當然不能少，每天澆水成了學生的日常。雖然我會跟學生說大家可以分組分工，輪流去澆水即可，但發現學生們更喜歡自己觀察，自己愛心灌溉自己種下的植物，或許是一種悉心照顧的心情吧！

　　我也常跟學生說，當你在觀察或澆水時，記得要跟植物「說說好話」，當然免不了又請「估狗大神」來一段「神奇的說話實驗」，這實驗相信許多人都知道也看過，對水或吐司說好話、罵髒話及不理會的差別，其實透過這個實驗結果，除了要孩子口說好話保有良善之心，更重要的是要學生有責任感去照顧與關心自己的植物。

　　下次，當你看見孩子對某樣物品自言自語時，不要驚慌更不用驚嚇，他可能只是一位用心上課的孩子，回家後認真做實驗而已。

🍅 教學提示機

◆ **轉個彎將劣勢轉成優勢**：又是都市又是高樓，這樣「先天不良」的條件，想要進行食農教育讓學生體驗小農，的確困難重重。但我們卻硬是將這劣勢轉成了獨特的高空農田，不但如此，更搖身一變成了優勢，每天可就近巡它千百回的「走廊農田」。教學現場不也如此，論環境、資源、各種條件，校校不同，看似劣勢的條件或許轉個彎就能變成優勢，甚至看見亮點兒發光發熱，讓教學有更多的可能性。

品德教育時時融入：國小教育要融入的議題可多了，品德教育就是一項重要議題，而在食農教育中的種植過程就是一個絕佳時機點，責任感養成、分工合作、同儕互相協助、細心觀察植物生長、與植物對話等等，都能是品德教育的一部分，無形融於食農日常中。

🍆 巡田教會我的事

◆ **一件事做久了就成習慣**：好習慣養成需要幾十天，破壞它卻只需要幾天。日常生活中許多小事或行為是需要每天做而養成習慣，到最後成為自然，自然而然就能內化成自己日常的一部分，也能受用一輩子。

2-5 螞蟻、蜜蜂、蝴蝶通通都來了

種植的過程中常常有許多意外訪客突然到訪，驚訝是驚訝，學生的大驚小怪才更令人驚嚇指數破表，「老師~~農田上突然有一群螞蟻在爬！」哈囉！這位小朋友，有土壤的地方多少有螞蟻，況且他們是礙到你了嗎？不！是愛上你這塊農田！

這是在種植過程中每代小農必出現的問題，還會跑進教室拉著你去走廊，指著那一群排隊排得比他們整齊得多的螞蟻證明他的話，然後下一句就是：「老師，怎麼辦？」接著就是幾個七嘴八舌的學生，開始提出一堆如何趕走他們或消滅牠們的餿主意。不過還好現在生命教育課程還算成功，總會有正義學生跳出來說：「不要殺死他們啦！」

沒錯！根本說出老師的心聲了。看到螞蟻軍團出現時，就是教育的好時間到了，我會超認真跟學生說，這農田這土壤就是牠們的家呀，怎麼能趕走牠們？就是因為這裡環境好，牠們才願意過來，你們剛好可以趁牠們自投羅網的時候，用心去觀察這群小動物怎麼活動或做些什麼，一定會發現有趣的事情。

當然，除了螞蟻最常出現外，蜜蜂或蝴蝶偶爾也會來插花一下，學生看到蝴蝶會想抓會想追，然後一直盯著蝴蝶甚至目送牠們飛走；但如果來了隻蜜蜂就完全不是這麼一回事

了，態度馬上180度大轉變，驚聲尖叫四起，套一句
學生說的話：「大家只要看見一隻蜜蜂，立
刻逃的逃、竄的竄！」雖然如此，貼心的
學生還不忘邊逃邊跟老師說：「老師，有
蜜蜂在那裡，你要小心一點喔！」

　　各位，我都清楚，請稍安勿躁外加保
持冷靜可以嗎？只要記住不去理會牠就好，當然再補上一句：「就
是因為你們把農田顧得太好了，才會吸引牠們來呀！」當然蜜蜂生
來就是讓人害怕，這也是不爭的事實，所以對於那些學生，就請他
們遠離即可，畢竟蜜蜂最後會幹出什麼事情也是無法預測的。

　　只能說，難免有些動物生來就讓人害怕。

▲小黃瓜花上的蜜蜂

教學提示機

尊重生命的教育觀念：在種植過程中會出現不少意外之客，除了螞蟻、蝴蝶、蜜蜂外，還有後面會提到的蚯蚓、菜蟲、小鳥等，與其說這些是意外訪客，倒不如說這是種植中會伴隨而來的日常動物，而這些都是生命教育最好的真實案例，讓學生在種植過程中學會尊重各種生命體，彼此共好生存。

昆蟲教會我的事

遇到問題千萬別驚慌：生活中許多意外是無法預期的，就是因為無法預期，所以需要用更強大的心去面對與解決，一旦驚慌失措就有可能將事情搞砸，靜下心來好好思考面對，問題就能迎刃而解了。

2-6 搶救彎腰玉米大作戰

「農民看天吃飯」這句話，竟然有天也會活生生的在教室小農身上上演！

還記得有一年的教師節我在閉關研習，那一年的教師節，因為颱風天全國教師都放假，就我沒有！那時的我不但要開著手機的手電筒上課，心中更惦記著遠在高雄那剛要慢慢長大茁壯的玉米！心裡想著那開學才剛種下的玉米與蔬菜，好不容易慢慢長大中，怎麼就碰上了颱風呢？

果不其然，隔天鄰居農友就傳來走廊農田的慘況，玉米田倒成一片，就像當時紅極一時的彎腰郵筒一樣，株株傾斜，而蔬菜就不用多說了，全部被摧毀的體無完膚。看到這樣的訊息心都涼了半截，但似乎也不能如何，只能等回去收拾殘局，然後一切重新再來了。

隔幾天我回到學校後，一早映入眼簾的卻是株株筆挺的玉米，幾個孩子已經迫不及待的和我說：「老師，前幾天颱風把玉米都吹倒了，XX爸爸跟我們一起把玉米扶起來再種好，我們都有幫忙喔！只是有幾株都斷了……」言語中聽得出來學生悲喜交錯的心情。

上課時我讓全班知道老師對於他們極力搶救玉米成功的喜悅，也分享了在閉關上課卻老想著玉米的心情，沒想到許多學生也紛紛附

和：「老師，我跟你一樣，晚上一直問爸爸，我們種的玉米怎麼辦？颱風會不會把玉米吹倒？」、「對呀！我好想隔天趕快來學校看看玉米有沒有事？」記得那一節課師生七嘴八舌的互相分享颱風天與搶救玉米的心情，師生間似乎因搶救玉米多了種革命情感。那時突然真正體會到「農民看天吃飯」的心情。當然了，對於極力搶救玉米成功的學生們，也給予大大的讚賞一番，同時也安撫他們失去部分玉米的落寞心情，要學生正面看待這樣的結果。

只是故事還沒結束，颱風也還有下一個！一星期後又來一個超強大的颱風，是故意來考驗我們的嗎？只是當晚的我心情反倒是平靜許多，心想那就是「再搶救一次」而已。

隔天一早走到教室，遠遠就看到走廊有一群學生，走近一看果真是班上孩子，有了第一次經驗，他們正熟練的在扶正玉米搶救中，只是接連歷經二次颱風，好不容易第一次搶救成功的玉米，部分沒能挺過第二次的摧毀！但看著學生們超認真扶著玉米的神情，我立刻放下物品也加入搶救行列，能扶正重新種植的就在根部加土穩固，真的已經斷裂無法搶救的就連根拔起，師生聯手在一個早上就把走廊農田重新整理完畢，讓玉米重生，有種說不出的喜悅與成就感。

事後，玉米的茁壯長大到採收，證明了二次搶救是成功的，也給我們師生上了寶貴的一課：不放棄就有希望，搶救玉米大成功。

教學提示機

給學生安定正面的力量：教學中偶爾會上演這樣的劇情，要運動會了，班上跑很快的學生受傷了，學生喊著大隊接力沒戲唱了……碰到這種問題就像我們的玉米倒了一樣，你大概就有二種選擇：正面積極看待或是負面消極放棄。老師在這問題上就是扮演那關鍵的角色，引導學生往正面思考，想辦法解決問題或突破困境，誰也不知道玉米是否會被我們搶救成功，但搶救了就有機會讓玉米重生；相反的如果只陷入怪罪颱風摧毀大家辛苦種植的負面想法，玉米就真的只有「死路一條」了，或許也連帶摧毀了學生種植的熱情，不是嗎？

彎腰玉米教會我的事

不放棄就有機會與希望：每個人從小到大都會面臨許多問題、困難或關卡，有些人選擇早早放棄，當然就直接跟成功說再見；有些人選擇堅持不放棄，就有機會跟成功見上一面，你的堅持到底決定了你的結果會如何。

2-7 數學素養力——量一量，玉米長多高？

　　自然課種植單元，觀察並測量植物的生長情形是基本盤，但鮮少有自然老師會帶著學生種玉米吧！畢竟這一種就要好幾個月，而且不是小小花盆就能駕馭這株玉米的。

　　所以當有機會在走廊農田種到玉米時，務必把握測量玉米各階段身長的千載難逢好時機！因為多年種植的經驗告訴我們，玉米是一種很好觀察與測量的植物，當學生開始種下玉米種子時，觀察的旅程就此展開了。

　　我會讓每個學生都種下二顆種子，品種可以不同或讓學生自己挑選，要白玉米也好，黃金玉米也讚，甚至想來點珍珠玉米都是可以選擇的。同時間在白板上寫下埋下種子的日期，並請學生猜猜看玉米種子幾天後發芽，這個問題就是要引發孩子探索觀察的動機。當然，玉米跟人一樣，生長速度有快有慢，快則三天，慢則一星期左右，有時甚至完全就消失在土壤中了，這就是為何一開始要種二顆種子的原因。但如果運氣好到二顆同時未發芽，一星期後就可以考慮重新種植或是移植其他同時發芽的幼苗。

　　這個過程就是一種期待又怕受傷害的等待，但也是很好的觀察點，等每一個學生都有自己可以照顧的幼苗後，接著就是每天觀察生長情況，因為玉米每一天都有變化，所以學生會很有感，自然而然更能吸引他們主動前往觀察。

　　如果你是帶低年級班，請務必結合數學課的「量一量」，讓每個學生自己測量自己的玉米有多高，拿著長尺實際量一次，不但利用到課堂上所學知識，實際測量超素養，也因為玉米的驚人之長，會讓學生測量起來超有成就感。

　　當然，你也許會說其他蔬菜不是也能測量與觀察嗎？這答案絕對是肯定的，但能像玉米這樣生長變化明顯、單獨一株好測量的可就有限了，至少在小農這幾年來的種植經驗中，玉米要說第二，沒人敢說第一了。

　　玉米，故事可多了，敬請期待！

教學提示機

跨域教學無所不在：現在教育現場，三句不離「素養」，素養學習就是要孩子將所學應用在生活中並解決問題，將數學測量與自然觀察結合在小農上，就是最好的跨域教學，更是素養課程。利用數學課學習的測量，來實際量一量自己種的玉米高度，沒什麼比這種更生活化、更貼近孩子了，因為他們學了測量，知道怎麼看刻度，就能自己量出玉米的高度，這不就是最好的學習動機？

當然，除了小農可以跨域應用外，老師課堂教學如果都能讓學生應用到生活中並能解決問題，學生學習就會更全面、有感，更能找到學習樂趣，這也就是完全的素養課程。

量玉米教會我的事

就是要所學應用到生活中：每個人在校學習的時間很長，學習了許多知識，而這些知識如果不想變成死知識，唯一的辦法就是活用它，唯有讓知識活起來，學習才有意義，生活也才能變得更不同。

③ 小農請支援

教室小農之所以可以歷經五代九年之久，除了老師有一群好農友、學生樂於當小農女跟型男農夫外，還有一個重要的因素就是外部支援，這包括班級家長跟學校行政。

如何引進家長資源就得靠老師的班級經營了，善用線上平臺的宣傳與分享，讓家長有感、有參與度，就能在需要資源時有源源不絕的贊助商，甚至還能成為永久贊助商呢！

③-① 平臺同步訂閱小農日記

現在老師班級經營都會善用許多平臺，不管是哪一種都能是你的神隊友，記得務必好好使用，相信能用出N倍的效益。

過去幾年我一直使用FB社團，我會在一開學就請每個家庭都加入這樣一個親子社團，然後每天分享班級活動大小事，小農日記當然就是不容錯過的精采畫面。別緊張，私密社團只有自己班上的家長看得到，上傳的照片也多以一群學生為主。

從學生當小農的那一刻開始，我就會將各類小農日常同步到FB親子團，不管是整土除草、施肥灌溉、種植，一路到生長、開花結果、豐收，更狠一點就是料理狂吃也分享，就是要讓手機螢幕前的家長乾瞪眼「視」吃。

賴秋江
4月25日下午4.10

大會報告之今天活動真多呀

1.今天誰來午餐神秘嘉賓-何TPAPA 吃了大餐 也帶來餅乾給孩子
2.今天教室小農一步蔬果的茄子收成 每個人都當大廚川燙 九層塔佐茄子美味
3.下午感謝畫駿家的安排 帶來一群師哥美女來教大家焊接 最後老師我也下場 第一次真奇妙呀 也謝謝安排這樣的課程 讓大家有不同的體驗

每一個階段都有特別的亮點或趣梗值得PO文分享，許多爸媽甚至阿公阿嬤都是同步跟著我們，一路種植、豐收到料理，雖無法跟著孩子一起實際當小農，但透過臉書日常的分享，會留言、互動、讚美、給予支援與寶貴意見，根本就當自己也是小農一分子。

有個學生的阿嬤甚至說過，她雖然人在北部但每天看著臉書小農日記，感覺自己就是小農，跟阿孫一樣期待著玉米何時長出來，還有一位阿嬤看了臉書上秋葵開花的照片，立刻下載當了手機背景圖片，然後傳訊息跟我說：「老師，你拍的那張白花開得好美呀！我要跟你說我放在手機上！」然後當她知道這是秋葵開的花時，就更驚訝了，其實我也很驚訝！這位阿嬤，我每次去日本料理吃秋葵，吃了那麼多次，還是第一次知道秋葵的花可以這麼美呢！

透過平臺的同步，有了神隊友的幫助，不僅學生在校當小農，各家庭也都在螢幕前當起小農，更完全感受到小農的趣味與魅力。

🍅 教學提示機

善用溝通平臺化身神隊友：班上教學或活動不少，學生回家如果沒說，老師也沒分享，家長其實不太清楚孩子在學校的狀況，因此老師在班級經營時選擇一個好用的平臺是重要的。不管是紙張書面，還是LINE或FB，都可以選擇適合自己的模式來運作，好好善用適時分享班級大小活動，無論教學、活動、支援等，透過這些平臺讓家長知道，不但家長能同步參與班級活動，同時在需要時也能給予不少神支援，這些必能有效幫助老師在班級經營與教學更為順暢。

🍆 分享教會我的事

記錄每天的日常：每天都有新鮮事一直在發生，找個適合自己的方式記錄下來，就像臉書每年都會跳出當天的日常讓人回憶，試著善用科技記錄值得記憶的點，讓未來的日子隨時有驚喜跳出。

3-2 請支援菜苗肥料，謝謝！

　　大家都知道騎自行車環島的車隊上路，總會有一臺以上的補給車在後隨時支援前線，教室小農也是一樣，除了前端學生的種植外，後端的補給也是一大重點與考驗，種子、菜苗、肥料或各種工具，雖不是大錢，但都是需要持續的經費來購買補充。

　　這時，神隊友就顯得非常重要，這神隊友除了校方行政的支援外，班級家長的後盾就顯格外重要，好好招募這些家長成為你的神隊友，成為教室小農的「贊助商」，比照補給車概念模式運轉，讓前端無「資源」之憂，這也是為何要讓家長同步你教學活動的原因了！

　　有一位爸爸家長，孩子是第二代小農，他除了同步視訊種植外，也會來教室協助並參與小農活動，後來他主動提起可以提供菜苗、肥料及工具給班上使用，老師我當然沒有把資源往外推的道理！這也就開啟了他「支援前線」的任務。

　　後來分班了，小孩也被電腦選到其他班，本以為這條資源要斷了，沒想到的是，時間一到就傳來訊息詢問：「老師，種植的時間到了，請問有需要菜苗嗎？需要多少呢？這幾天送過去方便嗎？」哇！都分班了，重點是孩子也不在我的班了，但支援前線的贊助商角色永遠沒少過。

　　直到現在的第五代，總會在開學及適當的時間點就收到暖心的訊息詢問，好像神預測一樣知道我們又收成完了，準備下一次的種

植，然後一盤盤菜苗就這樣傳送進來，他永遠都是這樣一句話：「老師，這小事！我來就好！」

後來也有一位媽媽家長看了我們收成的番茄，詢問老師是否需要番茄種子，他們家很多，我當然樂意收下呀！後來媽媽家長才說：「老師，這是XX的外公自己研發的番茄種子，就是希望番茄也能像葡萄一樣，一次就能一串串採收！如果孩子能種，阿公一定很開心！」接著傳來了一串串番茄照片跟我分享，原來我們種的不是只是番茄還是外公的愛心呀！

你說，平臺同步重不重要？家長神隊友要不要？這些都是串聯在一起的效應呀！

🍅 教學提示機

後勤部隊請支援：教學現場除了學校行政資源外，家長的資源與支援千萬不可走過路過又放過，相信很多老師都有這樣的後勤部隊，需要支援前線時，立刻像X聯廣播一樣大聲喊出來：「請支援教學！謝謝」，相信一堆人就出錢出力又出人啦！所以善用這些後勤部隊，很多時候都能讓老師在教學路上事半功倍。

🍆 贊助商教會我的事

開始你的人脈存摺：人際關係從小就要培養起，人脈的建立就像儲蓄一樣，一點一滴的慢慢累積，因為你永遠不知道哪一天你需要提領多少出來！所以從小開始絕對是正確的決定。

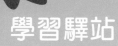

復胖達菜苗到了，
google表單一單下定！

　　小學生都知道，栽種植物可以從培育種子到發芽，看著自己親手播下的種子冒出小芽，再舒展成長逐漸壯大，這是一件多麼令人開心期待的事啊，每天看啊看呵護備至，深怕小種子渴了，不時餵飽水分，想像著自己是傑克，而魔豆就在我的手上……。

　　但，好奇怪喔！怎麼沒有幾顆種子發芽成功呢？從園藝店裡買回來的種子包裝紙袋上，不是印了很漂亮健康的蔬果沙龍照嗎？查了資料，原來，不同種子發芽有其不同季節、溫度、覆土深度、水分需求等，甚至可能需要浸泡催芽、覆膜保溼……其實，這確實需要認真仔細關照，促進種子發芽的歷程，值得帶領孩子們一步一步實踐，查資料、做紀錄等，提高發芽率，甚至未來可以發展出扦插種植等，這也是很好的教育課程。

　　某一天，經過菜市場，看到路旁有人端著整盆菜苗販售，感覺好奇，佇足片刻詢問，才知道是農人們專有的分工體系，培育種苗發芽、栽種、包裝與販售通路等各有分工，農人可以購買已經培育發芽

的菜苗，回到耕地種植，省去培芽的程序，專心照顧種植與採收，而菜苗大多很便宜，每棵都是銅板價，種類多元種植成功率幾乎百分百，這當然要引進提供教學團隊參考。

校長也看到了這件好玩的事，號召了行政團隊認真討論，找出經費支持這件足以發展為深度校訂課程的材料，就這樣，分出了四季課程，每一季去調查種苗商所供應的當季蔬果幼苗，加上請老師們提供建議，請種苗商協助採購，列出一長串清單，針對學校花圃的面積預測該類菜苗未來的成長大小，建議栽植的密度，設計成一份Google線上表單，讓各班老師上網填報種類與數量，表單裡還有花土和肥料的需求欄位，完—全—免—費！同學年老師之間還可以根據各班教室不同的日照條件、課程需求等討論分配栽種不同種類的蔬果，就這樣，只要上網點選，快遞清單就送出囉！

菜苗復胖達（Foodpanda）用最快的速度送到學校囉，號召了大朋友、小朋友、好朋友一起到辦公室幫忙分類，依照各班級「購物車」的清單剪開培養塑膠盆，以班級為單位放在小方盆內，就這樣，領回班級後就可以種到花圃中開始一連串的小農任務，既經濟又實惠，也帶動了班級之間種植的風氣，整個學校的「青果合作社」栽種種類，時常保持50種以上的蔬果同時栽種，是不是很壯觀呢！偌大的校園裡，光是五顏六色的蔬果，就夠迷人了！

🍅 教學提示機

選擇菜苗種類時，不妨和其他老師一起討論一下，可以在同季節栽種不同種類蔬果彼此分享，豐富有趣，也可以分區劃定相同種類辦個主題探討，例如搭起棚架同時種植橙蜜小番茄，成熟時節，一整排金黃色的小音符串串纍纍，是很棒的田園風景。

🍆 種苗商教會我的事

◆ 菜苗的攤商通常出現在傳統菜市場內，或者育苗場、農會、休閒農場等，甚至網路購買也是很好的通路，建立長期的聯繫合作管道，無論在價格或栽種情報方面，都可以得到較佳的效果。

◆ 選擇菜苗要注意菜苗的健康程度，葉片飽滿挺拔，莖蔓粗壯分枝良好，沒有徒長、枯萎無力、蟲害咬痕、泡水發黑等現象，未來的抗病與生長態勢較佳。

Lesson 4 小農冷知識

　　當了小農之後，種植過程中真的是大開我的眼界，沒想到植物界藏著這麼多冷知識，根本可以出一本「包準你會嚇到吃手手的植物真面目」專書。

　　從蚯蚓的大便及香蕉皮這些神隊友開始認真認識起，接著撇見葉子上的美麗地圖、秋葵及洋蔥那美若天仙的花；再來驚訝到花椰菜原來要蓋棉被、九層塔愛它就要剪掉它、小黃瓜可以很任性的在一夕之間罷工了；更神奇的是玉米筍是玉米小時候，而且營養價值大不同呢！天呀！這是什麼奇幻的植物世界呀！

▲青花菜植株

　　種植過程中就屬玉米的冷知識最多也最有趣了，不管是猜猜玉米幾天發芽？玉米從哪裡冒出來？玉米的雄蕊與雌蕊藏在哪裡？一根玉米鬚長成一顆玉米粒？還是玉米的巨人高度，甚至為了讓玉米長更好，就要狠下心幫它上演「七步成詩」，這些都能引發每一代小農無比的好奇心。

這一切的一切盡在教室小農中真實上演，不須教學不用硬背死記，所有的冷知識當過一次小農想忘也忘不了。

4-1 蚯蚓神隊友與牠的便便產物

蚯蚓是釣客們的神隊友，這不用特別說就都知道吧！而蚯蚓生長在泥土底下，大概也是基本常識之一。但是，蚯蚓也是小農的超級神隊友，這我真的就不知道了。一如廣告中說的「都是當了媽媽之後，才知道怎麼當媽媽的」，我可是當了小農開始種菜之後，才知道「蚯蚓」的重要地位！

一開始當小農種植時，常會發現農田表面會有一堆堆細小的土顆粒，就像有人刻意搓出來的超級迷你版小湯圓，一區一區的分散在不同地方，有時較大顆有時小小一粒，粒粒分明，摸起來超有觸感也很療癒，剛開始看見還真以為是「外星人」半夜來搓的傑作呢！

當後來一直出現，天天出現時，就開始引起了大家的好奇心，與其一陣亂猜還教錯，倒不如立馬詢問估狗大神這一堆堆小土丸子到底是什麼？一查之下「什麼？！竟然是蚯蚓的便便……」而我在不知情的情況下，竟然天天摸著蚯蚓的便便還覺得療癒！

雖說是蚯蚓的便便，但其實一點都不隨便呢！它可是我們小農的超級神隊友，更是植物的維他命喔！簡單的說，只要看見有這些便便出現，就代表著裡面住著許多蚯蚓，意味著土壤很優質，更保證蔬

果會生長壯壯並且豐收，所以愈多愈好，根本就是「肥水不落外人田」的最佳案例，而每一天的巡田，觀察這些大大小小的迷你湯圓出現，就成了土壤是否肥沃的一個重要指標。

我也會跟每一代小農鄭重介紹這些「神隊友與他的產物」，讓小農們都能好好認識與善待這些蚯蚓與他們的產物，有些原本不敢觸摸蚯蚓的孩子，慢慢的也都能親近觸摸，有些甚至都還會到校園各地，去招募更多蚯蚓上來當神隊友呢。

記得有次大雨過後，隔天一早到校，整個走廊都是蚯蚓，一眼望去至少百隻不誇張，但因為經過一整夜在外流浪，有些已成乾屍，有些奄奄一息，少部分還有活動力。我進到教室立馬動員全體小農開始一場「搶救蚯蚓神隊友」，把從花臺逃離到走廊上的蚯蚓一一救起來放回農田，心中只希望蚯蚓們都能找到生命的出口！當然也藉機跟孩子討論，這一場蚯蚓逃難記的始末與應變處理。

有了這次的經驗，接下來大雨過後的蚯蚓逃難記就變得不一樣了，小農們都知道該如何面對這群逃難的蚯蚓。一走近教室，遠遠就會看見一群小農們蹲在地上，有的撿有的掃，各自分工並迅速把蚯蚓送回他們的家。一看見我走來，還會迫不及待報告：「老師，我們剛剛救了好多隻蚯蚓，一隻一隻的把他們送回土裡。」、「可是有一些都乾掉了還黏在地上，好可憐喔！」聽著孩子們你一言我一句的訴說著他們的心情，蚯蚓呀！你們應該有感受到他們滿滿的愛吧！

至於，對於土裡為何一開始就有蚯蚓這件事，應該也是一個值得探討的問題，但大多數人應該跟我一樣覺得理所當然吧！下次或許可以帶著孩子一起來找答案喔！

 **教學提示機**

每件事情總有第一次：教室日常中許多事情總有第一次，當第一次學生不小心翻倒湯時、第一次學生沒帶聯絡簿時，老師你會怎麼處理？其實教室日常中常常會有出奇不意的事情發生，老師不如就好好的面對它、處理它，好好教導全班如何善後或應變的方法，等到下次同樣事件再一次出現時，學生就會知道解決方法並自動迅速善了，說不定你根本就沒發現今天誰不小心打翻湯，因為那個人早就迅速的「清理現場」了！

蚯蚓便便教會我的事

認清誰是你的神隊友：很多事情要完成或成功，有一個或一群神隊友在旁絕對是必要的，在眾多人或物中，找到並認清哪個人（物）是你必備的神隊友，擁有他、善待他、保護他，絕對能讓你在未來路上事半功倍，甚至有如搭上高鐵般快速抵達目標。

4-2 香蕉皮不准丟，通通給我留下來

「老師，我明天請孩子帶一些香蕉皮去學校，你再請孩子把它埋進土裡，可以養土喔！」訊息那端傳來一則家長的訊息。從小到大超愛吃香蕉的我，還是第一次聽到香蕉皮的超強外掛功能——養土，如果我沒解讀錯誤的話，香蕉皮就是一個天然肥料，而且隨手可得呀！

當隔天學生把香蕉皮帶來時，我就請幾個孩子一起把這些埋進土裡當起天然肥料。當然，埋了還是得詢問估狗大神一下正解：原來香蕉皮容易分解，是個易取得且免費的肥料！這下子可真有如獲至寶之感，因為學校營養午餐三不五時就有香蕉呀！

因此出現香蕉時，就立刻帶入「香蕉皮的神奇功能」教學，接著就是學生登場時刻，每個孩子分配田地，把吃完後剩的香蕉皮埋進

土裡。當然不是每一次吃完香蕉都要做這動作，可以等一批蔬菜收成後或是新種子菜苗剛種下時，再拿香蕉皮來當作養土或施肥。

後來與隔壁農友聊到香蕉皮肥料時，又被他的一個問題給震住了，「你有把香蕉皮剪成一小塊一小塊嗎？這樣比較快速分解與吸收。」原來！不單只是埋進土裡這麼簡單，還

有這些細節要注意；於是，在下一次香蕉再現身時，我準備了二把剪刀及一個紙盒，跟孩子說明每個人吃完香蕉後，通通都來前面剪香蕉皮。我先示範剪了一片，接著就是吃完香蕉的孩子陸續上來剪呀剪，在一旁觀察這些小農們認真剪香蕉皮的樣子，再看看紙盒中愈積愈多的香蕉皮碎塊，果真療癒到老師了。

最後就是與孩子們一起把這堆天然肥料撒入土中，接著拿起鏟子像炒菜一樣，充分攪拌均勻，讓土壤休耕時能迅速補充養分，迎接下一批的種子。

教學提示機

互通有無的重要性：一個人的知識與見識有限，在教學路上更是如此，千萬別閉門造車。有時候花點時間與左鄰右舍聊聊天，表面看似浪費時間，實則能從聊天中獲取許多意外的訊息或寶貴經驗，甚至教學上的一些眉眉角角，都是有助於在教學上更得心應手的寶典。因此三不五時與不同群組聊天，不但增進彼此感情也能同時互通有無，根本是得來全不費工夫。

香蕉皮教會我的事

垃圾就是要變黃金：垃圾變黃金已不是新鮮事，但變成怎樣的黃金就得各憑本事了！善用隨手可得物品，將它變身成自己所需的新物品，如能再隨處可用，這樣變身黃金才是真功夫。變身吧！一起讓垃圾變黃金。

4-3 葉子上的美麗地圖

　　讓農作物害怕的事情有二種，大自然的水旱災是一種，另一種就是讓我們這些都市農夫看到而束手無策的蟲蟲危機了！這也是為何極少數人會為了除蟲而不當使用農藥，造成農作物農藥超標而被退貨。但相對的，這幾年強調有機無毒的農產品就異軍突起而大受青睞。

　　專業農民會遇到的蟲蟲危機，我們當小農當然也不例外，但我們印象中的蟲蟲就是那種大到可見的毛毛蟲，其他各種蟲可能連看都沒機會看見。但是當了小農後，各種蟲都紛紛找上門，算是也意外開啟了小農的眼界。

　　某天看著走廊上的番茄葉子，看著看著，學生指著葉子上面的白色線條紋路問：「老師，這葉子還有白色紋路，好像地圖好美喔！」被學生一說，平時只會關注番茄開小黃花的我還真的沒看過這樣的葉子，白色紋路在青綠色的葉上彎彎曲曲的繞著，還真像地圖般美麗呢！所以當下的我除了驚嘆與讚美外也跟著說好美呀！但心中總有那麼一點怪怪的……FU呀！

　　不過，因為番茄的花繼續開好開滿，繼續一顆顆結果，加上底部的葉子陸續枯萎被摘除，我早把這白色紋路忘得一乾二淨了。直到有一天又是跟農友在閒聊順便交流種植的五四三，葉子上的白色紋路

就這樣突然又浮現在腦海中，應該是在提醒我該了解一下狀況了！開口一問，農友立馬解惑：「這就是地圖蟲啊，正確名稱是隱葉蟲，原本就隱藏在葉子中的蟲，牠爬過的地方就會變成白色，不過不用理牠也沒關係！」簡單神翻譯就是「凡爬過必留下痕跡的蟲」。

我只畫到最後一句的重點：不用管牠也沒關係，難怪我家的番茄還是繼續生生不息的開花結果，果真被我戲稱地圖蟲的牠，就真的是來美麗葉子的。不過有天我心血來潮想多認識這隻無害的地圖蟲，一查赫然有了重大發現，農友說的隱葉蟲，普遍稱之為「潛蠅類的幼蟲」又稱「潛葉蟲」，而葉子會有白色紋路是因為，蟲子吃掉了葉片的組織所導致，使葉片被吃掉的地方呈現出白色的孔道，而且多數人都叫他「畫圖蟲」。哇！趕緊把這冷知識分享給農友。

話說回來，並不是每一種蟲蟲來襲都不用去管它，像我這種有老花症頭的人，第一次看見植物上有一顆顆超細微的黑黑紅紅的點，還很緊張的以為是什麼？果真好奇只會嚇死自己。不近看就算了，靠近一看，全身雞皮疙瘩都起來了，因為每一個小黑點和小紅點都在微微移動呀！我的直覺告訴我，這是「蟲」無誤，而且應該是恐怖的害蟲！

當時我立馬直奔隔壁硬拉著農友出來，指著這黑黑紅紅的小點點問，農友臉色一變，嚴肅的對著我說：「這紅蜘蛛啦！一定要噴藥，不然可能沒救了，而且還會擴散。真的，我都自己去買超貴肥料來噴（註）。」然而，那時我選擇自然種植並給植物再一次認真生存的機

會，果然結局就是整株忍痛拔除，避免到處散開導致更悲慘的結果。

　　種植過程中一定會遇到許多害蟲來訪，當我們不是像農夫靠農作物吃飯時，我的選擇就會是「天然ㄟ尚賀」了！種蔬菜給蟲吃，其實也是一種選擇。

🍅 教學提示機

學生也是你的眼：班上老師只有一位，但學生有二十幾位，許多小細節容易被忽略或漏看，就有勞學生來當你的眼，四面八方都來看個仔細，很多時候學生看到的往往就是老師不曾注意的點，所以記住好好善用這二十幾雙明亮的眼睛吧！

🍆 蟲蟲教會我的事

想法轉個彎就好：生活中很多看似不好的事情或結果，與其困在其中傷心、失望、難過或懊悔，不如讓腦袋轉個念，就會有不同的想法出現，這時心就開闊了，想法正面了，態度也樂觀了。

註：據農業知識入口網資料，自製天然辣椒水，亦可防止紅蜘蛛之蟲害；採用柑桔皮加10倍水浸泡一晝夜後，噴灑植株也有不錯效果。

4-4 花椰菜也需要蓋棉被

　　斯斯有二種，對我自己來說，花椰菜也有二種：白色跟青綠色，雖然它們根本就是不一樣的兩種蔬菜。小時候的我只敢吃白色花椰菜，看到綠色花椰菜（其實就是青花菜啦！）就食不下嚥，但人總是會長大懂事的，現在的我看到一朵朵綠色花椰菜，當年愛的白色花椰菜就自動退位了！

　　記得第一代小農出於好奇心種了幾株白色花椰菜，心中是幻想著那長大後一球美麗的菜。因此當幾片葉子中開始冒出一小朵花椰菜時，班上孩子跟我就像是看到寶一樣興奮。

　　看著中心的球花一天天慢慢的長大，像是我當初童年時餐桌上的那盤花椰菜，那種莫名的成就感真是無法言表，尤其，後來愈長愈像媽

▲蓋被的青花菜

▲沒蓋被的花椰菜

媽從菜市場買回來的那一大球花椰菜時，根本就覺得自己是農夫了。

　　只是開心得太早，悲劇就在這時發生了，原本還長得緊密像顆球的花椰菜，就在不知哪一天開始各自奔放，根本就是變相的「百花齊放」呀！一朵朵花椰菜不知道在互相比美什麼，各自向天空邁進，原本像市場買回來那樣美的一顆球花就這樣消失不見了，換來的是已經長成像在餐桌上時的一朵朵小花椰菜……。

　　就這樣一球花椰菜不再出現，接下來的日子就是朵朵四射直到收成，雖然長得跟菜市場的不同，但花椰菜就是花椰菜。只是收成後想品嘗時，我遲疑了，心想這樣的花椰菜到底可不可以吃？為了安全起見，拍照問了兒子幼稚園園長，不問還好，這一問可問出花椰菜天大的祕密了！

　　園長說：「這花椰菜當然可以吃呀！只是你們有沒有幫花椰菜『蓋被子』呢？下次要記得幫它蓋被子就不會亂長了。」什麼！種個花椰菜還要幫它蓋被子？原來是用花椰菜自己的大片葉子蓋住球花，如此一來花椰菜就能長得像市場買回來的美麗球狀而不會朵朵四射了！

　　雖然第一次種植外型不算成功，但小女孩們拿在手上還真像一束白色鮮花般有氣質；果真花椰菜就是花椰菜，川燙起來美味依舊，全班就這樣愉快的分食著那各自奔放的花椰菜！

教學提示機

注意每一個小細節：每一個教學或活動要實施順利，當中會有許多「眉眉角角」的小細節要注意，一有細節遺忘或忽略，就很有可能導致結果不同，甚至以失敗坐收。所以當活動開始前，每個小細節都要盡量設想周到，就算實施中發生了問題，也要隨時滾動式修正，才能讓教學活動的結果趨近你所設想的目標。

花椰菜教會我的事

不要被外表給騙了：看待許多人事物，千萬別因外表的醜而忽略了內在的美，否則很可能硬生生的失去擁有其他美麗的機會，那不就可惜了嗎？

4-5 九層塔，愛它就要剪掉它

　　想到九層塔會想到什麼？沒錯！就是鹽酥雞！沒有九層塔的鹽酥雞就是少了那一味，那熟悉又接地氣的味道呀！

　　已經忘記小農從哪一代開始種九層塔，只知道開始種植後就沒停過，因為要種死它超難好嗎！只要給它水，基本上它就安安靜靜在一旁生長著，靠近它就有一股熟悉的味道，鹽酥雞的香味也跟著湧上心頭。所以不管哪一代的小農都會種上幾株九層塔在農田的一角，需要的時候摘一些，不用為了一道菜的加味而大費周章的跑去Ｘ聯買一袋，有時還得等「請支援收銀」。

　　九層塔就跟蔥蒜一樣屬於綠葉配角人生，極少的時刻會是主角，但許多主角卻又需要它來襯托出美味，因此喜愛這味的人可不少，但喜愛歸喜愛，真正知道或看過九層塔開花的人應該就不多了。

　　不可否認的，我們也都是在當小農時才見識到九層塔的威力。一株株靜靜的在一旁生長著，需要它時就摘一些葉子，愈摘它就愈長，感覺就像它知道你需要它一樣，所以努力的認真長。只是我們也知道，怎麼可能天

天餐餐九層塔呀！

　　一段時間不去摘它，突然再靠近就發現開了許多美麗的小花，隔壁農友路過一看，「你很久沒摘九層塔了喔？記得趕快把花剪掉，它才會繼續長！」什麼！把花剪掉才會繼續長？我又再一次長知識了……。趕緊請幾個小農拿著自己的剪刀，合力把冒出來的花通通剪掉，心中雖有一絲絲不捨，這麼漂亮的小花怎不留著呢？但腦中還留著農友良心的建議。後來與農友聊原因，她說她也不知道！只說因為種久了就知道要剪！好一個種久了就知道了，根本就是成語「三折肱而成良醫」的農業版！

　　當然了，我種久了也知道，葉菜類拔掉葉子留著根莖，就會持續長新葉出來讓你吃不完；撒在拉麵上的大把蔥花，只要留著蔥白的部位也能一直長不停一直收割；蒜苗當然也不例外的可以無限次割收，完全就是一種「留著青山在，不怕沒柴燒」的概念，而這些都是當小農時靠經驗、靠聊天、靠農友而獲得的寶貴知識！

▲收割後蔥田

▲收成的蔥（右邊）及蒜（左邊）

下次吃鹽酥雞時，記得好好聞聞並品嘗這甘於配角人生的九層塔，沒了它，許多料理可就真的都少一味，而鹽酥雞就不再是鹽酥雞啦！

教學提示機

前輩的經驗也是一種知識：許多知識是經驗累積而來的，教學現場是，人生道路也是，所以不是有句話「不聽老人言，吃虧在眼前」，有些時候還是得聽「鹽吃的比你飯還多」的前輩的金玉良言，多年經驗的累積就是一種智慧的傳承，或許還能避掉一些冤枉路，讓教學更為順暢。

九層塔教會我的事

留得青山在，不怕沒柴燒：殺雞取卵的故事告訴我們，別一次就想獲取全部，學學蔥蒜的人生哲學，留著青山在，就能有源源不絕的資源等你需要時取用，一旦心急了，青山被你用光，那接下來呢？

4-6 你確定這是秋葵開的花？

「老師，您PO在臉書上的那張秋葵花的照片真美！我看到時就覺得怎麼這麼美，就把它下載下來當成手機桌面了！」、「現在才跟您說，希望您別介意。而且要感謝老師，如果不是您PO出來，我還真不知道秋葵的花這麼漂亮！」手機連續傳來一位學生阿嬤的訊息，短短的二則訊息卻讓我的心都飛起來啦！原來我用手機也可以拍出專業又賞心悅目的相片讓人下載呢！沒有最開心，只有更開心！

　　這朵令阿嬤都愛的氣質白花，就是秋葵開出來的花，就是在日本料理中，常常吃到的涼拌秋葵的秋葵。當初為何會種秋葵？這也是不可考的問題了，如前面提到的，秋葵、青椒跟茄子這些只要有出現在「看似不受歡迎選項」的蔬菜，都會因好奇心被挑中來種看看。

　　所有的植物生長都大同小異，從種子開始，歷經發芽、生長、開花到結果，秋葵當然也不例外，只是它因生長過程中長得太順利而被忽略了。不過，就在快被忽略遺忘的那刻，秋葵開始開花了，而且不開還好，一開一鳴驚人！一朵朵白花盛開，不但有氣質還更加耀眼，根本直接打趴許多花，我看白玫瑰也非他的對手，根本就

要徹底大翻身！就像教室現場，最令老師印象深刻的那二種極端的孩子一樣，馬上會被老師注意到！

　　看著一朵朵盛開的秋葵花，忍不住拿起手機來個「近物攝影」，捕捉那一朵朵盛開的時刻，同時上傳班級平臺。此刻的我，壓根沒想到這個動作會引來阿嬤的那則簡訊！但，美麗總是剎那！就在白天還在開心的拍呀拍，怎麼到了放學就看到盛開的花一一閉合凋謝了，這根本就跟「曇花一現」一模一樣！心想好在那美麗的片刻已經留住了，不管在腦中或手機裡。

　　隔天上課，立馬將這驚人發現告訴班上小孩，順便也將「曇花一現」帶出場給學生認識一下，然後接下來的劇情就是這樣：學生下課趕緊去看秋葵的美麗白花，放學時還等在花臺不想回家，想看花閉合的瞬間……「各位，別等了！老師下次架個攝影機縮時攝影好嗎？」當下我心裡這樣想著。

教學提示機

每個學生都有亮點：一個班二十幾個學生，依據經驗法則，老師會最先認識二種人：極好或極調皮的學生，當然慢慢的就會一一認識了。在一一認識的過程中，其實你會發現，也該發現每個孩子都有亮點在，找出每個孩子的亮點關注，讓每個孩子依亮點發揮所長，會讓你在教學與班級經營更為順暢。

🍆 **秋葵開花教會我的事**

把握來到眼前的機會：很多時候機會就在你不注意的時候來到你面前，當你發現時千萬要抓住，好好善用；有時機會雖然還會光臨第二次，但更多時候就溜到別人手上了。

4-7 猜猜玉米從哪裡冒出來？

　　每一次帶著全班種下玉米種子時，我都會在白板上寫上日期並標注「種下」，然後接著就是一場「玉米冷知識猜猜樂大賽」，每次我必問的問題大概都是：

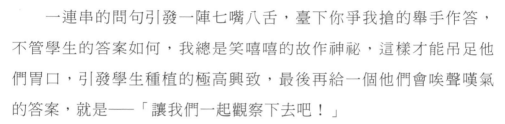

　　「玉米種子大概幾天會發芽？」

　　「你覺得玉米會從哪裡冒出來呀？」

　　「你覺得一株玉米植株會長出幾根玉米？」

　　「你覺得一株玉米植株會長多高？」

　　一連串的問句引發一陣七嘴八舌，臺下你爭我搶的舉手作答，不管學生的答案如何，我總是笑嘻嘻的故作神祕，這樣才能吊足他們胃口，引發學生種植的極高興致，最後再給一個他們會唉聲嘆氣的答案，就是——「讓我們一起觀察下去吧！」

　　當然每個人的答案我都會請他自己記好，等答案揭曉時再看看誰猜的神準。而敢這樣問的我，當然是已經種過幾百次啦！好吧，這是誇飾法無誤，但每學期初就種一次，連種好幾年，至少十次跑不掉。

　　其實第一次要在走廊陽臺種植玉米我也是很惶恐呀！想說種種蔬菜就好了，這種玉米種下去，不知道會長多高，陽臺會不會被玉米撐到龜裂……一堆OS在腦袋中不停的出現，但終究好奇心戰勝了恐懼，加上拉著農友一起種，勇敢指數突然瞬間破表了。

我通常會挑在星期五的那天，讓學生將玉米種子埋進土裡，因為星期一一來，多數學生就會驚喜發現自己埋下的種子發芽啦！其他學生也會跟著期待自己的種子在幾天後發芽，通常一星期後全部的種子就通通發芽了。極少數仍沒發芽的，我就會請他重新種植，多埋下幾顆，總有一顆會發芽吧！

接著就是觀察玉米的生長了，前面有提到觀察植物生長高度，玉米是不二人選，從發芽到長得比學生還高通常只要1至2個月。這時我就會再提問，要學生開始注意哪一株會先冒出玉米，玉米又會從哪裡冒出來？真心不騙，每一屆學生多數都猜「頂部」，而我一聽到這個答案，心裡就開始竊笑……。

「老師，我的玉米好像長出來啦！你快來看！」小男生拉著我的手硬要我跟著去看他種的玉米，學生指著從側邊葉子冒出來的尖尖的東西說：「這是玉米對不對？」我看著他指的位置，根本不用確認就知道玉米真的長出來了。我會拉著他的手摸一摸那突出的地方，然後對著一起湊熱鬧的其他學生公布答案：「沒錯！玉米是從側邊長出來的！也就是葉腋，誰猜對了？」

接下來幾週就是大家發現新大陸的時刻，一根一根的玉米開始從側邊冒出頭，每個小農都互相在比誰的玉米先冒出來。就算長得再細小或某些營養不良的玉米株，都還是會冒出玉米，真是神奇的大自然！

你猜對了嗎？玉米的第二題答案：玉米是從側邊冒出來的！

🍅 教學提示機

只給問題不給答案：生活或教學中都會出現許多問題，最簡單又快速的教學法就是直接給學生答案，但這鐵定不是最佳方法。老師或大人們可以善用一些方法，如有技巧的提問來激發學生學習動機，讓他們擁有透過實作或觀察來找出答案的慾望，這雖然需要時間的等待，但發掘答案那一刻的成長絕對值得期待。

🍆 種玉米教會我的事

對生活永遠保持高度好奇心：當一個人對生活周遭的人事物都保有好奇因子時，生活就會變得處處有驚喜，生命當然就會更精采些。

4-8 多的玉米，狠下心拔掉就對了！

前一篇謎底終於揭曉二個——玉米種子3至5天會發芽，玉米從側邊長出而非頂端。這一篇，則繼續要揭曉一株玉米到底會長出幾根玉米呢？在學生每日期待觀察中，每一株都陸續冒出玉米了，接下來就是看著它慢慢長大變壯。

在這過程中，長得比較強壯的幾株就會開始在不同的側邊，悄悄冒出第二根甚至第三根玉米，有時還會同一個地方連冒出好幾根呢！應該是營養太好了。這時負責種植的學生就像中樂透一樣樂翻啦！其他學生則投以羨慕又嫉妒的眼光，然後再看看自己種的那株，問著老師：「我的何時才能再冒出第二根玉米呢？」

這時候我會跟孩子說，等第二根長出來，長到像玉米筍一樣大時就先採收，還信誓旦旦的跟他們說，採收下來還未授粉的小玉米，就是我們一般在火鍋店吃的玉米筍！學生也聽得嘖嘖稱奇，完全沒有一絲絲懷疑並開心的期待著玉米筍的採收。

後來在一次花蓮行，與好友走在鄉間小道發現一整排巨人般高大的玉米田，不誇張，至少250公分以上。好奇的我就當場就與管玉米的阿嬤聊了起來，才知道這麼高大的玉米是臺灣原生種，只是現在大家都不喜歡種這品種，而是愛吃珍珠玉米或水果玉米。

聊完玉米聊蔬菜，也聊我在高樓種玉米，閒聊中意外聊到玉米筍，才恍然大悟我過去一直以為小根玉米就是玉米筍這件事，簡直是個烏龍錯誤！阿嬤說人家玉米筍雖也是玉米，但是是專門的品種來種植，任憑我再三詢問，確認再確認，阿嬤還是笑笑的告訴了我不願面對的真相，雖然多數的人認為還未授粉的小玉米就可以稱作是玉米筍，但實際上玉米筍都是有專門的玉米品種來栽種。這樣看來，我算是對錯各一半吧！原諒老師吧！過去那些被我有點誤導的小農們。

再回頭繼續說之前被我認定的玉米筍，我跟孩子說因為太多玉米會互相搶走養分，所以一株就留一根玉米，我們好好的栽培它長大成壯壯玉米讓我們品嘗，其他的我們就拔掉吧！而這個過程就稱之為「玉米疏果」。不過不用傷心，這些尚未授粉就拔掉的通通都會變身成了美味可口的火鍋料主角——玉米筍喔！

誰可以有權利來拔呢？當然就是負責的人自己拔掉，然後當場請他們剝開外皮看看，果真一

看就真的跟玉米筍一樣！接著我請他們當場開吃，並說說口感。孩子們完全相信老師我的話，不疑有它的一口咬下後，滋味果然如印象中的玉米筍般甜甜脆脆，每個人都吃得津津有味。有時一小根玉米筍還要分食給好幾個在旁嗷嗷待哺的小農們，分食的食物果真特別好吃。

最後，玉米奇聞謎底再次揭曉，一株玉米植栽可以狂長好幾根玉米，但為了確保每一根品質優良飽滿結實，必須快刀斬亂麻的拔除其他玉米來成全這一根！而每一株玉米都可以狂長成至少200公分起跳的大巨人高度！

最後我必須誠心的跟過去那些小農們道歉，尚未授粉的小玉米雖然是玉米筍無誤，但另外還是有專門在栽種玉米筍的玉米品種喔，否則只靠東拔一根西砍一根，怎麼能應付這廣大的玉米筍市場！在此澄清，因為很重要！

🍅 教學提示機

勇於承認錯誤的勇氣：老師並非萬能，有些時候在教學上難免會說錯講錯，當學生有疑問或不同意見時，或許就是給自己一個查證確認的契機，我會在學生面前承認自己非十全十美也會出錯，錯了就更正，師生一起學習正確知識不是更棒嗎！下次發現有疑問時，就來這一招——直接開網路師生一起問問估狗大神吧！效果挺不錯呢！

🍆 玉米疏果教會我的事

懂得捨才有得：「有捨才有得」這句話人人知道，卻不一定人人都做得到！有時眼前的小捨小痛，會換來連你都意想不到的大得大樂喔！

4-9 小黃瓜一夕之間罷工了！

　　小黃瓜是涼拌小菜中的常見料理，許多人更是直接冰鎮後整根大口大口啃來吃，這麼簡單又美味的蔬菜，當然也必須在我們的農田種一下。拜農友們先前種過之賜，知道瓜藤類會到處爬藤長好長滿，因此一整個花臺我就種了四株幼苗，其中二株是備胎概念，等四株都開始長了，保留長得較好的二株，另外二株就可以丟棄或送人。

　　先了解果然是對的，當幼苗開始慢慢長大後，就一發不可收拾。莖到處亂爬亂攀外，還會長出捲鬚來纏住可以纏的網子或支架，好讓自己屹立不搖不被風吹倒。學生看見這捲鬚纏住的模樣直呼厲害，我說：「這就是小黃瓜聰明的地方，穩穩纏住不讓自己倒下。」葉子更誇張，我們在乎的是比臉還大的雞排，小黃瓜在乎的是比臉還大的葉子，一片一片在比大，而且向陽生長，整片長滿要說它是天然的遮光罩一點都不過分。

　　長大的葉子充分吸收陽光後開始結果了，而且一次也好多花在短時間內開始結果，我跟孩子們開心的看著這些小小黃瓜，期待它快

快長大。當我開心的跟農友分享這份喜悅，農友卻澆了我一盆冷水，他指著小果實教我如何看門道——只有底部圓圓胖胖的果實才有機會長大成瓜，如果沒有，就會脫落，果真掉在土上的比繼續

生長的多好幾倍呀！開心得太早了，或許小黃瓜跟我想的一樣，結果結多一點，再來篩選好的長大成瓜，就是這麼聰明的優生學。

就這樣果實一天天長大長粗，每天幾乎都有一二根可以讓孩子輪流採收，但恐怖的事件就在某天中午發生了！那天早上還讓學生採收一根，也澆了水，看著一片片葉子精神飽滿的向陽著，沒想到中午時學生突然跑進來大聲喊著：「老師，小黃瓜死了！」什麼？不是前一秒還好好的，怎麼下一秒跟我說死了？我立馬衝出教室一看，果真所有的葉子都像洩了氣一樣軟趴趴的垂著，無一例外，到底發生什麼事？

我趕緊請孩子澆水，想說會不會喝了水就會再有元氣，結果到了放學還是一樣，因為農友跟我都沒遇過這樣的事情，所以我們最後決定讓小黃瓜光榮退場，畢竟我們也收了十幾根，算是功成身退了。

晚上我把這狀況形容成是一場——「小黃瓜大罷工」，貼在社

群平臺分享，結果立馬有朋友來訊提供專家看法，表示這種情況應該是「供水系統」出了問題，澆水後幾天或許就能救活。但……我已經直接讓它離線了呀！一切為時已晚。

不過，也很感謝這次無預警罷工事件，有了這次寶貴又充滿驚嚇的經驗，下次我就知道該如何面對了，但是，心中完全希望不要再有下次啊！

不過有次看到網路上類似的罷工事件，才了解這狀況通常是根瘤線蟲，或者土傳性病害造成根系受傷，所以就算繼續澆水能活的機會也不高，看到這裡，我，突然豁達了起來呀！

🍅 教學提示機

經驗是累積而來的：教學上有很多問題或狀況需要面對與解決，對教學者而言就是一種經驗累積，當經驗累積多了，就有更多能量來面對各種疑難雜症或突發狀況，也更能精準找出策略來對症下藥。

🍆 罷工小黃瓜教會我的事

慢慢來比較快：很多事情發生後，無需急著做決定或解決，深思熟慮後才出手或許才不至於讓遺憾發生，如同廣告詞說的——「慢慢來比較快」。

4-10 從青椒到彩椒，距離有多遠？

青椒曾經跟茄子、苦瓜及胡蘿蔔榮登小孩最討厭的蔬菜四大天王，雖然如此，在大人世界裡卻還滿受歡迎的，尤其青椒炒牛肉這道料理。因此，既不愛則種之，讓孩子接受它並能愛上它就是我慣用的計謀，所以不管哪一代小農，一定得種上青椒幾株，然後等著它開小白花並結果，接著就會開始出現青椒的雛形，那種醜得可愛的模樣還真討喜。愈長愈大時，青椒的味道也開始出現，最後就是準備採收觸感超特別的青椒，因為光滑翠綠的外皮加上中空的內在，摸起來就是有種療癒之感。

記得有次寒假來學校，剛好看見農友田地上有幾株青椒，神奇的是同一株植株上除了有青椒外，還有紅椒，更有青中帶紅的……，當下我只覺得自己落後了，因為當我還在種基本款青椒時，人家農友已經晉級開始在玩進階版彩椒——紅的、橘的、青的……大自然的顏色還真是無可取代。當時心裡就已經下定決心，開學後也要跟上彩椒人生。

後來遇到了農友，當然得好好把握這機會討教一番，「好想知道你的彩椒怎麼種的？真的好繽紛好厲害，我也想來種看看！」好奇心驅使著我迫不及待的問著。結果農友回我：「哪有什麼厲害，我是遇到寒假沒時間來拔，青椒不要拔繼續種著，它就自己變身成彩椒了呀！」

各位，你聽到這樣的答案是不是也跟我一樣覺得「被呼嚨了」！青椒就是青椒，彩椒就是彩椒，怎麼可能是一樣的，青椒那味道多令人厭惡，但彩椒卻是許多人吃沙拉的愛啊，而且口感味道也平易近人，出生就註定不同命運了。

有了幾次誤解及錯誤認知的經驗，我們索性一起問了估狗大神，謎底終於揭曉：「目前從市場產品以及品種來看，青椒其實是專指青椒品種，真正青椒品種成熟並不會變成彩椒，如果放著不採收，會變成深褐色並且很容易就會壞掉了。」

「紅椒、黃椒都是彩椒的專門品種，雖然彩椒未成熟轉色之前也是『青』椒，但口感、味道以及營養成分與真正青椒品種皆不同。」

農友看完也吃驚了，而我羨慕的彩椒根本就是個美麗誤會。我邊看邊唸出來……，兒子在旁邊一聽大叫：「媽媽，所以青椒就是青椒對吧！我就在想怪怪味道的青椒怎麼可能變成甜甜的彩椒呢？」

好在有行動力這麼一查，青椒真的就是青椒，一輩子就只能當青椒的命；彩椒就是彩椒，注定生下來就討喜！只是管他是哪種椒，我是真心覺得青椒好吃，兒子也吃到跟我搶食呀！

🍅 教學提示機

遇到問題不用怕問：老師在教學過程中常會遇到不少疑難雜症，與其閉門造車或把疑問留著不解決，不如就踏出教室或直接上網求助，都能讓這些困擾你的疑難雜症瞬間解惑或解決，也能讓教學更順利；就算不行，至少也盡力了。

🍆 青椒彩椒教會我的事

很像但就是不一樣：生活中許多的事物看似相似，但其實不同也無法魚目混珠，了解關鍵點的差異就能輕鬆分辨之間的不同喔。

Lesson 5 小農豐收祭

　　當小農最有成就感的莫過於「歡喜豐收」了！這也算來到了小農基本盤的最後，當豐收後就代表著種植終告一段落，不過在豐收過程中也藏著許多如同前一章的冷知識，讓豐收祭更有看頭。

　　光是要拔起巨人般的玉米植株，根本就是要使出拔河的力氣才能連根拔起；連摘個小番茄都要有技巧才能保全蒂頭；意外沒連根拔起的蔬菜竟然默默的繼續生長著；涼拌天王洋蔥竟然最後會開出能打趴花界的美麗球花，這些都在豐收祭中亮眼演出。

　　當然收成中不免會出現一些醜食物，這更是豐收祭中彌足珍貴的賀禮，因為是孩子自己種植，更能輕易從理解到完全接受——原來醜食物雖不美，但營養美味可是一點都不打折扣。

5-1 一根玉米鬚就會變身一顆玉米粒

我們都知道吃過豬肉不一定看過豬走路；被洋蔥嗆過也不一定知道洋蔥的花多美麗，所以我猜你吃過無數根玉米，應該也不會無聊到去算過一根玉米到底有多少玉米粒了。前面冷知識中我們有提到玉米筍是玉米小時候的模樣，可愛又討喜，而且是營養價值超高的蔬菜。在萬中選一後被保留下來的玉米筍開始茁壯，你會發現童年時期的玉米，身上冒出許多白色滑嫩的玉米鬚，數都數不清，觸感好到就像廣告中那一頭烏溜溜的秀髮般超有質感。

這些玉米鬚簡單的說就像一條條通道，會將頂端雄蕊的花粉傳到雌蕊上，一但完成授粉，就會蹦出玉米粒，玉米筍就這樣慢慢長大

成人，變身成玉米，這時也從蔬菜類被分到了五穀根莖類，營養價值也變成了澱粉。當然玉米鬚也會變色，觸感慢慢變粗變乾，最後就像不小心燒焦的頭髮一樣，不過看到這個是好事也該開心，因為這可是觀察玉米是否可採收的重要指標之一呢！

一根玉米到底有多少顆玉米粒？就要看玉米鬚的授粉情況了，只要一根玉米鬚有授粉就能長出一顆小玉米。每一次學生聽到這個知識都覺得很驚喜，還有學生聽完後說：

「那我要來先數一下有幾根玉米鬚，看它會不會真的長那麼多顆玉米粒。」冷靜點，孩子！有沒有覺得等玉米長大之後再來數玉米粒可能比較快？真的，慢慢來比較快！

所以每次經過玉米田，三不五時就搖一下玉米，這時雄蕊就會落下一片細細花粉到玉米鬚上，這個動作就是希望雌蕊趕快多多授粉，讓玉米粒粒飽滿長出。學生看見並知道原因後，也跟著有樣學樣學起來，就是一種我想幫助玉米授粉長大的使命感上身。其實我們也知道這動作是多餘的，因為玉米靠大自然的力量就能完成授粉任務，不然種玉米的農夫不就成了一天到晚搖玉米植栽的人！

收成時，玉米株就像人一樣，有大有小，有胖有瘦，有長有短的，每個孩子都可以摘下自己的玉米，不難！把玉米往下一折再轉一

下就能輕鬆拔起。當然我請他們把外皮剝乾淨，互相比較一下，果真授粉愈完整的玉米，玉米粒愈飽滿整齊排列；但看到有一顆沒一顆的玉米粒時，就是玉米鬚沒完全授粉，所以長不出整排玉米粒。看到這個狀況，我都不忘說：「不是每一根玉米鬚都會接收到授粉指令，不過至少有一半也很棒了呀！」

當然，也有很認真天天搖玉米的孩子，但他的玉米粒卻少得可憐，這時我只能安慰他：「沒

關係，下學期再種一次！」如果只收成到玉米筍，完全沒收成到玉米的孩子怎麼辦？也要恭喜他呀！因為他收成的可是營養價值與玉米截然不同的玉米筍！不是一樣都該開心嗎？

 教學提示機

親自示範：教學方式除了講授之外，很多時候「親自做一遍」才是王道，你會發現在臺上賣命的講了落落長，學生還是一臉不懂得看著你，這時就是親自上場的時候了，示範完一遍，當學生眼睛接收到訊息後就會快速吸收，相信教學成效就能提升。

玉米鬚教會我的事

有時努力不一定有收穫：努力不一定跟收穫成正比，但不努力鐵定沒收穫，所以任何事還是得付出一定的努力才行，至於能不能與獲益成正比，有時就得看其他因素來決定。

5-2 嘿唷嘿唷拔玉米，我要長得跟玉米株一樣高！

玉米收成時要拔下玉米真的不難，每個孩子都能自己獨立完成，但玉米拔下後才是災難的開始！每一株玉米為了適應大自然的風吹雨淋，也為了確保自己能穩穩的立足於土地上，它的根可是扎得超級深且穩固，千萬不要小看它看似瘦瘦長長的莖而誤判情勢。

玉米果實摘下後，下一個步驟就是要把玉米整株連根拔起，這樣才能再種植下一批蔬果，只是這個連根拔起的動作就像是一場要與土地拔河的競賽！因為我們是種在花臺上，完全沒有合適的施力點可施力，因此只能先用鏟子把根周圍的土鬆一鬆，接著就是把它搖一搖、轉一轉然後往下壓平，最後拔河選手就登場了。

低年級大概要派出6至8位選手，中高年級也至少要4至6位才行，然後就跟拔河一樣各就各位，一鼓作氣往後拔，老師還得在後面看著、撐著，避免連根拔起後選手們倒成一片，那後座力可是不小的，有時還得撐一下才能獲得最後勝利。整個拔玉米過程簡單四字口訣就是「鬆、搖、壓、拔」，精準掌握四字口訣，也就不難了。

過程中，讓我想起小時候的國語課本「拔蘿蔔」那課，一個揪一個，最後一群人一起拔起大蘿蔔，然後人仰馬翻的場景！完全真心不騙的難拔，有時運氣不好或拔的方式不對，還會攔腰折斷，這時整個施力矩又更短了，根本是難上加難，只好派小農拿著鏟子慢慢鏟慢慢挖了……。

　　拔起來的整株玉米高度也不是蓋的，記得廣告中有一句臺詞「我要長得跟大樹一樣高」，各位，其實不用！你能長得跟玉米植株一樣高就可以去打NBA了。所以每一次拔起整株玉米時，最愛讓孩子手持整株玉米拍照了，有一種士兵就要出征的趣味感，畢竟手上持的不是兵器而是玉米植株！

　　記得有一次我讓孩子直接整株玉米植株帶回家，當然玉米果實也沒先摘下來，就是要讓爸媽也能親眼目睹一下，孩子當小農的驚人之果，結果就看著一個高壯的男孩揹著沉重書包，右手提餐袋，左手持著一株玉米植株走過操場越過人群……。

親愛的爸媽，如果你看到自己的孩子拿著一株超長超大的玉米植株回家，你會有什麼表情呢？我發誓我真的沒有在整小孩，是真心想跟爸媽一起分享孩子的喜悅呀！畢竟，這株玉米植株比你全家任何一個人都還要高！能不見識一下嗎？

教學提示機

簡易學習口訣幫助記憶：不管是洗手七步驟或是燙傷五步驟，還是急救的叫叫CAB等，都是將一件事情拆解成幾個步驟後發展出幾字口訣，可以在多數緊急狀況時，順口說出並利用這些步驟解決問題。所以老師在教學上如果也能善用這個技巧，將一些常遇到的班級事項或教學，變成幾字口訣，相信學生就能更快速學習與解決問題，也能立馬提升學習成效。

拔玉米教會我的事

善用技巧解決問題：很多事想「事半功倍」其實是有方法的，只要找對方法並出對力氣，相信就能讓你避免掉「事倍功半」的狀況。

5-3 SOP流程必修課──番茄原來這樣摘

　　記得有一年收到一箱美濃在地番茄，好友提醒這番茄不得了的甜，務必自己試試且千萬不要送人，被他這一說，我才真的認真看待這箱番茄並品嘗，果真一試成團長，接下來的好幾年，都固定揪團購買番茄支持在地小農。所以自己當小農後，番茄自然而然就成了我們農作物的固定班底，因為也夢想能種出這麼甜美的果實。

　　每次接新班，除了讓學生種下玉米外，另一種就是番茄了，這一切的搭配也是陰錯陽差之下得到的寶貴經驗，就是為了讓番茄剛好可以在冬天時結果，期末開始陸續採收「嘟嘟賀」，如果再晚一個月或更久就會碰上寒假，這時就只有讓小鳥們來開心狂吃的分了！

　　番茄其實有很多品種，玉女、聖女……，紅的、黃的也不同，曾經跟隨在地小農到果園採果，看著幾株不同顏色的果實而好奇詢問，他們竟然說，其實都是購買同一品種的種子，可能上游給錯了，但是他們光看種子也不知道差異，直到開花結果後一切才真相大白，有間諜在農田裡。

　　記得第一次種番茄時，學生在無知的狀況下把整包種子都撒了下去，結果恐怖的事情就發生了，小小的農田中密密麻麻的番茄發芽，一開始還很興奮，後來愈長愈大愈覺不妙，趕緊每天「斬苗除根」到最後碩果僅存幾株強壯者，果真還是適者生存呀！

　　之後看著番茄像藤蔓一樣開始四處亂竄，才驚覺到要架支架支

撐，更要用繩子把莖固定好，讓整株往上生長不倒。而這一次的經驗也讓我們學到，往後在種植時就得先把支架及各株距離調整好，否則就會發生擠在一起無法順暢呼吸的窘況。

種過番茄的都知道，番茄的葉子跟莖都有一股強力番茄味道，只要靠近一聞或手一摸，那味道久久不散，而這味道就會嚇跑不少人。每次我都喜歡請孩子靠近聞一下再摸一下，感受那氣味與黏膩感，此時雖不見番茄也能感覺這就是番茄無誤。

一株番茄可以同時開好多小黃花，然後再結果，從小綠到小紅，幾次經驗下來也都是在最後才揭開顏色真相，甚至像前面果農那樣，有時明明種的是小番茄，因為不曉得種子裡面有「間諜」，所以最後無緣無故長成牛番茄也是有的。

曾經有一位轉學生下課時跟我們一起在觀察綠色果實，一群學生開始數著一株番茄會有幾十顆果實時，他突然問我：「老師，這是番茄嗎？我吃過的番茄都是紅色或橙色，沒看過綠色的。」旁邊有經驗的小農一聽到就七嘴八舌的回答他這個問題，結果他更驚訝的說：「什麼？我以為番茄一長出來就是紅色的！」這位小朋友，老天爺要

你轉來我們班上不是沒原因，終於一解你多年來的錯誤知識，真的沒白轉呀！

等到小綠開始變橘到成熟紅，就是採收的時刻了，一開始我們都用扯的把果實扯下，然後那個蒂頭就順勢跟果實分離，後來覺得這樣亂扯不好，要把蒂頭跟果實一起摘下才完美。

所以這個摘番茄就成了每一個小農的必修通識課程，必須要完美採收一顆番茄才算過關。我都會手把手一個一個教，怎麼捏住蒂頭上的節點後，輕輕反折一下，完美番茄就瞬間摘下。教完也立馬驗收成果，多數的孩子都能抓到技巧一次就成功，一顆番茄輕鬆入袋的孩子就有莫名的成就感；但有少部分的孩子沒能抓到訣竅就會覺得很難摘，硬扯的結果就是「頭實分離」，這時就必須再重修一次，請孩子再試試看，直到成功解鎖摘番茄技術。

看似一個簡單採果動作，卻還是有訣竅在，或許你會認為蒂頭最後還是得拔掉不是嗎？但讓孩子學到輕鬆採收的訣竅，不也是一種學習意涵嗎？也更能珍惜這一顆顆得來不易的小番茄呀！

不過話說回來，學校種植畢竟是少數果實收成，可以讓孩子這樣體驗與學習。現在農政單位一直在鼓勵大家，選購番茄是不需要再考慮有無保留蒂頭，要求保留蒂頭這個觀念，是會造成農民在採摘番茄時多做無謂的動作喔！

🍅 教學提示機

不要理所當然的認為大家都懂：教學現場中最怕老師陷入一種錯誤判斷，就是認為這很簡單所以大家一定都懂，因此會有部分省略不教或是簡單帶過，這時就會犧牲到那一小群明明不懂卻得裝懂的孩子，因為怕被取笑。所以不管再怎麼簡單的觀念與問題，或是大人們覺得是「基本常識」，都還是得善盡責任好好教會每一個學習中的孩子。

🍆 摘番茄教會我的事

訣竅抓住了就簡單了：俗話説「江湖一點訣，點破不值錢」就是這道理，每件事情看似有難度，但只要找對人點一下，瞬間你會有種「哇！怎麼這麼簡單！」之感，人生成就就此解鎖了。

5-4 滿出來見客的蔬菜們

　　雖然我非標準家庭「煮婦」，但對於每到颱風天，葉菜類就狂漲的新聞也還算熟悉。在小農種植中，葉菜類種植算是相對簡單輕鬆的，收成也快，多數只需一個月就能看見豐碩成果，算是眾多蔬菜中CP值最高的一類。在小農農田中經常出現的大概就是萵苣類、大陸妹、空心菜、小白菜，還有在沙拉盤上會出現的各式生菜等等，這些不管從種子或是菜苗開始，只要能撐過一個月，都能讓學生有滿滿的成就感及露出滿足的笑臉。

　　通常在開學初種下玉米與番茄時，就會留一塊農田專門來種蔬菜，原因無他，能較快速讓孩子在一個月後，感受到小農收成的喜悅，有了豐收的成就感，就能激發他繼續種植的動力，這是一定要的即時獎勵。否則他種了老半天，一天一天過去卻老等不到收成，有些孩子的心情就可能出現變化……，可能在某天他就跟你說：「老師，我不想種菜了。」

　　為了讓種植較順利，我會先選擇從菜苗開始，每個小農會種下二株菜

苗，接著就是每天去巡田澆水，過程中也會吸引不少小鳥來搭伙，只要葉子不被全啃光，葉子就會慢慢變大有機會豐收。而種植的經驗告訴我們，每株菜苗的間距也要取好，至於取多大，可以讓孩子自己去全X看一下一把蔬菜大概有多大，然後預留那樣的空間來生長就對了，這也算是給自己一個目標——我就是要把蔬菜養成這麼一大把！

每一次蔬菜開始長大，農田裡土的顏色就會慢慢被覆蓋消失，等到每一株都狂長時，花臺看過去根本就是一片綠，完全看不到泥土。記得有一次連假四天，放假前蔬菜已經算大了，沒想到放假後一回到學校，整個花臺的蔬菜大爆發，根本是滿出來見客，看著這些蔬菜們遙望著幾百公尺遠的百貨公司，好像在跟世人宣告：「我們長好了，隨時可以進軍百貨公司超市的一級戰區開賣！」

當然，小農學生最樂了，看著自己的蔬菜這麼給面子，每個人都開心準備收成，還記得自己種哪一株的就自己收成，忘記是哪一株的就隨意收成。每個人得把一株蔬菜的葉子先整理好，然後雙手捧好拔起，一把蔬菜就這樣被連根拔起，至於根要洗乾淨或剪斷都行。

除了整株蔬菜連根拔起外，還有另一種生生不息的收成法，就是只拔葉子，俗話說「留著青山在，不怕沒柴燒」，這句話用在許多蔬菜上「馬ㄟ通」喔！只要你留著主體，葉子就會繼續長，你就能每天收成幾片葉子，這種收成法算是細水長流型，只是我沒試過到底可以長多久就是了，只看過隔壁農田的莖會愈長愈高，最後還開了花。不過話說回來，為了讓孩子知道餐桌上他曾經吃過的蔬菜原貌，還是讓他整把抓會比較有感！

記得曾經看過一則說法，有些植物會因為「以為自己快死去了」就開始提早狂開花結果，我在想，四天連假沒水喝的這些蔬菜們，是不是也懷著同樣的心情而狂長？

教學提示機

及時獎勵的重要：教學或班級經營過程中，老師都會善用不同的獎勵技巧來激勵學生，不管是口頭或實質的方式，都要看準時機對症下藥，才能達到最大成效。有的時候，看見學生表現良好，當下一句的口頭讚美，往往如及時雨般，不但激勵了學生，也能在班上起模仿學習之效，所以獎勵不在多，抓住學生心理適時給予才是關鍵！

蔬菜狂長教會我的事

不同目的不同方法：做每一件事的背後都是有其目的，當目的不同或轉變時，你採取的方式也要隨之改變，如此一來才能讓最終結果更貼近你當初設定的目標。

5-5 喧賓奪主的洋蔥花

提到洋蔥，就會連想到國境之南的恆春，這也不難理解因為當地的強風，造就了甜美碩大的洋蔥，這是在國小社會課本中都會看到學到還會考到的知識。

我愛吃洋蔥，從涼拌沙拉、洋蔥炒蛋到漢堡內的洋蔥片或洋蔥圈，都是美味料理，尤其停課不停學及居隔期間，洋蔥更是家中必備品。雖然如此，我在小農生涯中卻沒種過洋蔥，現在想想還真是奇怪，或許是心中早已認定洋蔥是專屬於恆春半島的特色，不能也不該輕易掠奪。

直到某天，我看到好友的農田出現了四顆洋蔥，瞬間驚呆了，立馬跑進去詢問，「那是洋蔥嗎？那是洋蔥嗎？那是洋蔥嗎？」連問三次，就可以知道我有多驚訝了！

農友說，這四顆洋蔥他已經種了快一學期，從上學期期初第一批就種到現在，才有這像樣的球莖，只是可能當初種得不夠深，所以整個球莖外露。也感謝有這意外卻正確的外露，我才能在花臺上巧遇這洋蔥呀！因為如果沒有球莖外露，光看外表，真像極了巨大的日本青蔥或三星蔥。

看著這四顆碩大的洋蔥，立馬跟農友下單一顆，想說繼續等它長大一點再採收。某天訊息傳來一張照片，一朵可愛的球花出現在畫面上，一問之下才知道是洋蔥開花了。我立馬從五樓衝到二樓一探究竟，「天呀！洋蔥開花了，又美又有質感的白色小球花！」從那天開始，我天天去二樓巡田，天天觀察球花慢慢長大，吃了一輩子的洋蔥，卻到此時此刻才看過洋蔥開花，更正確的說法是──現在才知洋蔥會開花呀！

最後，收成洋蔥的時間到了，看著那可愛的球花還真不忍心拔了它，原來我們平時買到的一顆顆洋蔥，上面還有許多像青蔥的葉子，種久一點還會開出小白球花，這一切的意外驚喜都來自於農友的耐心等待。當然，不只洋蔥最後能開花，葉菜類一直長到最後也會開出漂亮的小花，這不再是書本上的硬知識或照片，而是實際發生在教室花臺農田上親眼所見的驚喜，雖然開了花後，他們的營養、口感與味道都會失真了。

收成後幾天，洋蔥花依舊生長著，我索性剪下它並插進小瓶中，看著這一枝獨秀的球花，心裡想著這擺明是喧賓奪主了，根本可

以在插花界擁有一席立足之地。只是吃洋蔥跟觀賞洋蔥花孰重孰輕？我想農民已經給了我們答案，當然是吃洋蔥的甜美呀！我只能再次感謝農友們，讓我親眼見識到、也驚豔到植物的百態。

洋蔥，不只美味營養；洋蔥花，更是氣質高貴。

教學提示機

別讓「不可能」限制了你的教學：在教學前許多老師都會習慣備課，一來清楚知道教學目標在哪，二來也知道教學流程該怎麼跑，只是很多天馬行空或從未實施過的教學就在這階段被三振出局了，因為直覺「不可能」或「窒礙難行」。或許下次可以大膽嘗試一下新的教學法或創新活動，因為不做永遠不知道結果，只有做了才能大膽說出「不可行」，也或許做了才能知道「原來可行」。

洋蔥花教會我的事

魚與熊掌的取捨：生活中要魚與熊掌兼得不是不可能，但無法是常態，多數時候只能靠智慧取其一，至於要取捨哪一個，就取決你的目的與價值判斷了。

5-6 我很醜，可是我很美味

　　臺灣人其實在某部分來說是很難理解的，一方面強調健康所以要有機無毒的蔬菜；但一方面卻偏愛買又大又美又香甜的蔬果，還不能太貴，就一整個矛盾呀！在有機、美麗與價格三者上要取得平衡點，其實考驗著農民與消費者那掙扎的內心！我相信在超市的架上，美麗的食物總是先被消費者挑走吧！那些小的、裂的、黑的……「醜食物」總是被留到最後，或許特價時才有機會被放進購物車中，這也就是醜食物一直以來的悲慘命運！

　　在教室小農的收成中，我們收成過許多蔬果：萵苣、大陸妹、茼蒿、甜妹、空心菜、小白菜等CP值超高的葉菜類蔬菜；蔥、蒜、芹菜、香菜、九層塔等，料理不可或缺的配角蔬菜；還有玉米、茄子、青椒、洋蔥、秋葵、小黃瓜、牛番茄等，看了超有成就感的果實類蔬菜。

　　不管哪一種蔬菜收成，我們總是開心快樂的，因為這些都是從種子或菜苗開始慢慢長大，心境上就已經不同。所以就算是被蟲啃

了幾個洞的菜葉、因為陽光太強而燒焦的葉緣、沒有授粉成功而東一顆西一粒的不良玉米，或是被小鳥啄了一口的茄子、捲成像英文字母J的小黃瓜、長得營養不良又歪七扭八的青椒……等等，我總是跟孩

子說：「因為我們沒有撒任何農藥，這是無毒的，所以就算外表醜一點，味道一樣美味！要跟家人說這是我們自己種的！」孩子們都懂也願意帶回家分享，各家更是捧場的煮來品嘗。

當然了，多數時候我們收成的蔬菜根本跟超市賣得一樣好，不僅外表美，果實也大，甚至味道更鮮甜，一點也不輸阿嬤在市場買回來的菜！而當這些被歸為「醜食物」的蔬菜出現時，就是一個教學的絕佳機會，讓孩子知道就算是醜食物，也是這片土地賜給我們的禮物，只有心存感恩與這片土地共存，才能收穫更多，這也是教室小農永續經營的理念。

現在許多超市都推出「限期商品」的特賣，貼上「愛珍食」的標籤，就是要扭轉大家過去對即將到期商品的刻板印象，以珍愛地球愛惜食物為出發點，不但不浪費食物，還能用更低廉的價格買到。「醜食物」也是需要被扭轉命運，讓消費者知道，只是外表醜一點、果實小一點、葉子不完整一些罷了，蔬菜的內涵一樣不少，甚至還掛

保證的有機無毒呢！

　　或許下次跟家人到超市，可以不需要等到這些醜食物快爛掉下架前，就能被你「慧眼識英雄」的放進購物車帶回家品嘗，相信它們絕不會讓你失望的！

　　醜食物，美味與營養兼具！

 **教學提示機**

看事件的多個面向：老師在教學上不是只有傳授知識，還包含了傳遞正確與正向的價值觀，以及面對事情的態度，所以如果在學校學習期間，能帶給孩子這些，讓孩子在面對事情時能朝多面向觀察與思考，也就能做出更正確的判斷及決策了。

醜食物教會我的事

不要以貌取人：我們常提醒自己不該以貌取人，卻也常常陷入這千古的迷思中而不自知！做到永遠比知道難上幾千倍，不是嗎？

異國料理主題月

　　許多人都有異地旅遊的經驗，美麗的臺灣島嶼山脈綿延高低錯落，縱谷、丘陵、平原、河谷、海岸各有千秋，各地也出產許多獨特的名產與料理，我在教社會課有關地理歷史課程時，總喜歡用「食物」來和當地環境做連結介紹，格外吸引學生的關注，從蘭陽平原盛產鴨賞、金桔蜜餞，桃竹苗客家菜、臺中太陽餅，高雄與澎湖的生猛海鮮，到東部黑潮海洋與原住民農業文化鮮食等，用食材就可以輕易找到臺灣各地文化的有趣連結。

　　對於高年級學生，他們的生活圈逐漸擴大，課本的知識範疇逐漸往世界史地拓展，不同洲際的國家特色、氣候變遷、經濟物產、交通運輸、建築景觀、歷史事件……孩子們對於這些異國的認識往往一知半解，或存在過去的刻板印象，例如將有些國家用手捉飯吃視為不文明的象徵，但不知道就連日本人也會用手直接捏起握壽司來吃以保壽司不會散掉；走在街上看到熱炒蝸牛小吃，就感覺怎麼把庭院裡的蝸牛拿來吃？真野蠻啊！但是在法式料理中，蝸牛可是一道高檔的名菜食材……。

我發現這些因為介紹食物而帶來的關注，遠高於課本裡生澀的知識灌輸，所以就設計了「異國美食日」來探討不同國家或地區的文化，用深刻的食物體驗，討論異國知識，用國家或地區設定每個月一個探討主題，指定分組閱讀與蒐集資料，設定題目分組報告，讓學生多元探索、實作分析，最後選定一個日子做該區域的特色料理來進行總結。

　　有時候還可以和學校午餐承辦的營養師一起合作，找一天開設以「特定國家料理」為主題的菜單，印象會更加深刻。例如設定下個月是「東南亞文化」探索主題月，可以讓孩子們探討東南亞有哪些國家、地理位置、族群、經濟活動、宗教文化、在臺灣的新住民

活動等。更可以邀請許多孩子家中來自東南亞新移民的家長來現身說法，當天午餐，特別安排了「越南春捲」的料理讓孩子們DIY，大致上有越南米紙（米漿做的春捲皮）、豬肉絲、新鮮蝦仁、生菜、檸檬、沾醬等，讓孩子體驗有趣的越南料理，也可以另外策劃更大規模的其他食材體驗品嘗，或與野餐日結合，一面品味異國料理，一面暢談這一陣子所知道有關該區域的文化知識，這樣的主題探討，既深刻又有趣。

每月來玩個異國料理日，開一些簡單又吸引人的食譜來品嘗。韓國日，煮年糕、部隊鍋、海苔飯捲；日本日，日式炸豬排、日式壽司、拉麵；東南亞日，越南春捲、馬來西亞咖哩叻沙、泰國冬蔭功湯；美國日，美式漢堡、薯條、貝果、生菜沙拉；地中海日，義式比薩、地中海飲食、希臘肉醬茄子；英法日，法式吐司、普羅旺斯燉菜、法式嫩煎鴨胸、英國炸魚薯條⋯⋯細數各國料理美食，光想像就令人熱血奔騰，每次公告要舉辦這樣的主題日，孩子們可真會卯起來好好準備，這麼有趣的課程，誰不想上啊！

🍎 教學提示機

◆ 異國美食日的規劃，最好找教師社群或學校行政部門一起策劃，擴大參與層面，支援系統足夠給力，效果會更好。

◆ 食材的設定，以孩子容易取得與操作為主。另外，有些異國料理的口味不盡然適合孩子，如太酸、太辣、生食、特殊味道香料等等，必須多留意。

第二章

小農加速器：
從創意發想到多元學習

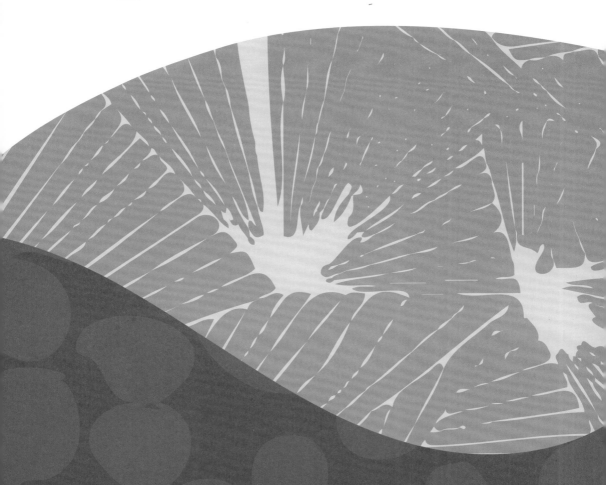

Lesson 6 小農環保課

　　環保議題是現在文明社會的不敗議題，因為從環保到永續生存都與我們生活息息相關，小農們在種植蔬菜過程中更是如此，不管從用洗手水來澆水灌溉、用洗牛奶瓶的水施肥、利用廢紙包裝保護果實，到對鳥類與毛毛蟲的友善與尊重自然生命，每一個小動作都結合了環保也離不開環保，就是要做一個值得驕傲的現代小農無誤，徹底實踐「我環保，我驕傲」。

6-1 牛奶瓶的應用，肥水不落外人田

　　「農民靠天吃飯」這句話大家都知道，需要風調雨順才能豐收，所以在小農的工作中，澆水灌溉是一件日常卻又不可或缺的基本事。教室小農的農田說大不大，但也一塊一塊遍布在各走廊，因此當然要尋求最合適的澆水方法，如果又能顧及環保與永續就更完美了。

有看過我們走廊農田的人都很驚訝一項設施——水龍頭。沒錯！原本花臺上就設置了一個水龍頭，方便一打開就可以澆水，這也成了我們後來種植蔬果的利器之一，只要把水龍頭打開就能灌溉，如果可以順便洗個手就更好了，所以我都會跟孩子說：「如果只是手髒要洗個手，不用懷疑就是去花臺上洗手，洗手水可以順便澆植物，兼具環保。」當然了，疫情當前時用肥皂洗手就好好的在洗手臺洗，不然植物應該會中毒身亡吧！

　　在學校種蔬菜的另一個肥水就是營養午餐的牛奶，偶爾午餐會搭配鮮奶，這時老師的環保雷達就會立即啟動，「記得喝完鮮奶，每個人直接到自己的農田去洗瓶子，澆水順便施肥！」這句話從第一次喝鮮奶就開始宣達，因此吃飽飯後，就會看到孩子拿著瓶子相約巡田去，回來時就是一個已經洗乾淨的瓶子，而喝著牛奶水長大的蔬果，果真長得頭好壯壯！

　　不但如此，家長知道後也傳訊來問：「老師，我家有過期牛奶可以帶去施肥嗎？」當然可以，求之不得！除了牛奶外，優酪乳、蔬果汁等都是洗乾淨再回收的，當這些出現時，真的不用客氣，就讓孩子通通往農田去洗吧！既可以洗淨瓶子又可以施肥的一兼二顧法，還有什麼比這種法子更兼具環保呢？

🍅 教學提示機

一魚二吃的教學活動：這不就跟我們常在說的「議題融入教學」有異曲同工之妙嗎？教學活動設計，如果上了國語也順便融入環保，學了社會也帶出了霸凌，甚至上了數學也能教性別平等，這會讓教學的面向更廣，觸及更多元。當然，顧好基本盤才是王道，主目標永遠要擺在首位。

🍆 牛奶瓶教會我的事

隨時啟動自身的敏銳雷達：外在事物變化萬千，懂得提高敏銳度、洞察時勢變化，就能搶得先機，脫穎而出。

6-2 天然ㄟ玉米窗簾，雄賀！

　　高雄的太陽沒在跟人客氣的，沒有最熱，只有更熱！如果再加上建築物方位欠佳的後天因素，那就是一整個太陽晒呀！每間教室到固定時間總會開始陽光普照，從外面經過走廊毫不客氣的直射進教室，如果不是有窗簾遮蔽或是現在班班有冷氣，坐在窗戶邊的孩子還得在教室享受日光浴呢。

　　不過走廊可就沒這福利了，沒窗簾也沒冷氣，下課站在走廊哈拉都嫌熱！還好有玉米及時拯救了走廊的熱。前面我們有提到玉米種在陽臺上，根根筆直又高挺，一整排都長到頂的話，看過去就像裝了窗簾一樣，根本就是免費的天然玉米窗簾，不但遮擋了部分陽光，那陰影更在地上形成了一幅天然畫作。

有了天然玉米窗簾，陽光不再直射進來，走廊也降溫不少，雖然沒有真正去測量到底降多少度，但看到陽臺上一整排長到頂的玉米，再加上地上一片美麗陰影，心裡就覺得舒服暢快多了，自然而然影響了體感溫度！這種感受小孩最不會說謊了，小二生會開心的說：「老師，這玉米真好，陽光都遮住了，澆水時就不會刺眼，而且走在走廊也不會覺得很晒。」

這麼神奇的天然窗簾當然也是意外所得，一開始是種了玉米後才意外獲得，後來就知道只要種了玉米之後，不但有幾個月的玉米窗簾可以免費享用，從半罩一路到全罩，最後還可以收成一根根玉米來品嘗。如果想要延長玉米窗簾壽命，採收時只要摘下玉米即可，讓玉米株繼續筆直站好，就能繼續享受玉米帶來的額外效益！

當然了，不管是因為種了玉米附贈天然窗簾，或是真心想要體驗天然窗簾來狂種玉米，我想都挺好的，不是嗎？相信全班能在過程中尋找到各自的樂趣與目標。

教學提示機

意外的收穫反而甜美：許多時候我們教學上在追求一個目標時，過程中總會因與孩子的互動，或是班級的氛圍而擦出不同火花，導致意外發現與收穫，有時還真喧賓奪主了原本的目標，這也挺好的！

玉米窗簾教會我的事

用美的眼光看世界：世界不缺美麗，缺的是懂得欣賞、看美的眼睛與心，記得打開心胸欣賞生活周遭的一切，你的世界就會處處是美景。

6-3 廢紙變黃金，蔬果不怕被咬一口

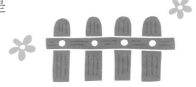

　　無論是看新聞畫面中播報的果園，或是自己實際到果園的都看過，農民總是用袋子把果實包得好好的，不外乎就是怕風吹雨淋，還有不小心就成了小鳥的免費餐點。我們種植在走廊陽臺的蔬果，舉凡番茄、茄子、青椒、小黃瓜等也都要包得好好的，實在是因為小鳥太愛吃了，應該是小鳥間互有通風報信，知道我們是天然ㄟ有機食物……。

　　一開始其實小鳥也都沒發現，但果實愈來愈大後，就很難不被小鳥盯上，為了要好好保護得來不易的果實，尤其是茄子、小黃瓜和牛番茄，這時我就會向全班開始募集「水果包裝網子」，就是那種高級水果的外包裝，通常都會被直接丟棄，現在它有了全新用途──環保再利用來包護果實。

　　通常公告一下，孩子就會開始注意並收集，不少家庭就會陸續貢獻一些，這時可以請帶來的孩子負責去套網保護蔬果，讓孩子知道他為果實做了一份努力，有盡心保護它們。當然，有時這種網袋可遇不可求，不是想要就隨時可以收集到，所以幾次經驗後，我通常會在種植前期就公告需求，讓孩子與家長可以提早作業收集，以備後期大量需求。

　　如果就是收集不到呢？這我也碰過！這時教室內處處是材料，

我最常拿的是過期的出版社資料，或是廢紙、廣告單，甚至有時連使用過的考卷都登場救援了，只要把這些紙張揉成皺皺一團再攤開，就能輕易的把果實包起來，完美等待收成了。在過程中，雖然紙張有時會溼掉甚至飛走，那就再請孩子重新包一次就好了，反正教室裡的廢紙永遠不嫌多！

　　無須刻意花錢去買專業網袋，生活中許多小物品都可以是替代品，不但省下荷包，也能讓孩子真正來場環保秀，體驗廢物利用的神奇之處！最後想說，如果蔬果被咬了一口怎麼辦？這表示無毒蔬果獲得品質認證，這時為了感謝小鳥們的厚愛，就放著繼續讓牠們吃個精光吧，然後心中祈求不要再吃別顆了。

教學提示機

提前備課萬無一失：許多課程都是需要孩子提早準備工具或材料，例如體育、藝文、數學等，所以有經驗的老師都會在開學初，就把一學期該準備的材料先告知家長與學生，讓他們有更充裕的時間可以備齊，而老師也不用擔心上課時間到了，學生沒有工具材料可以上課！

廢紙張教會我的事

轉個彎都是可變資源：誰說切東西一定要用刀子？讓自己的腦袋轉個彎不設限，生活小物都能有意想不到的大大功能。

6-4 等待小蟲變蝴蝶的日子

醜小鴨會變天鵝，毛毛蟲也會變蝴蝶，有菜的地方就
會有蟲出現，不管是菜蟲還是毛毛蟲，都特別愛窩在葉子
上，甚至躲在葉子夾縫中讓你找不到。不少人對毛毛蟲是害怕的，
管牠有毒還無毒，只要是蟲就是一陣尖叫聲或嚇到驚慌失措快逃；
相對的，也有一些膽大的小孩看到就伸手去抓，管牠有沒有毒，抓
了再說。

教室小農因為是天然種植，所以有蟲好像理所當然，多數的時
候孩子看到各種毛毛蟲時，就是派出快手抓起來野放，直到有一位
小女生在花椰菜內發現許多毛毛蟲後，竟然跟我說：「老師，我可
以養牠嗎？我要帶回家養，希望我媽看到不要嚇到才好。」聽到她
要養毛毛蟲，我雖然心裡也毛毛的，但也故作鎮定表示大力支持與
贊同，還提供毛毛蟲的住所給她，小女生就將毛毛蟲及一些
葉子放進盒子安頓好後，開心又滿足的帶回家了。

假日時，果真就收到家長傳來的訊息，打開一看，哇！好在不是抱怨文，而是一張毛毛蟲已經結蛹的照片分享文，才幾天時間也太神

奇了吧！當然，我也趕緊請孩子務必星期一帶來跟全班分享。

沒想到這蛹吸引了許多孩子好奇的目光，下課時一堆人圍在小盒子周圍看呀看，老師我當然也沒放過與孩子好好學習的天大機會，全班一起觀察到毛毛蟲終於破蛹變成了美麗蝴蝶的那刻，這過程也的確是許多人的第一次！所以我們找了個良辰吉時，請當初飼養的小女生拿著盒子到走廊農田，慢慢的打開蓋子讓蝴蝶飛吧！老師我全程拿著手機錄影，看到蝴蝶飛出去的那瞬間，心中還是莫名的感動。

有了這次經驗，養毛毛蟲的人就增加了，有些孩子更是會用「預約」的方式，來等待下一隻毛毛蟲的到來。雖然害怕的人還是會害怕，但對結蛹變蝴蝶可是超級有興趣。對於現代孩子沒養到蠶的可憐童年，養隻毛毛蟲到變蝴蝶破蛹而

飛，也是不無小補的全新體驗呀！不過要小心，綠色
毛毛蟲才可以養，如果是黑色，可是有毒的喔！

🍅 教學提示機

支持孩子的決定：大人們總以自己的觀念與經驗，來對孩子下指導
棋，告訴他們該如何做，但其實每個孩子都有他自己的想法與做法，
或許下次該靜下心聽聽他們的想法，該支持的就大力狂推吧！

🍆 毛毛蟲教會我的事

試過了才知道：很多事都有第一次，與其聽別人說，不如自己親自試
一次，試過才能大聲說。

愛屋及烏的鳥屋創作

　　校園裡種滿了生機盎然的植物，遍地開花結實纍纍，攀爬的藤蔓競相占據對自己最有利的位置，盡情嶄露美好生命延續的風姿，只要有充足的陽光和水分，用肥沃的土壤和愛心照顧，植物們定不會讓你失望，會將自然界的恩典在花園裡不斷精采上演。

　　當花兒、葉片、根莖、果實等健康成長之際，蟲蟻總會相繼報到，尤其是蝶蛾類毛蟲、蚜蟲、尺蠖、椿象、蝗蟲、果蠅、蜂類等

紛紛會在此尋得棲身之地，孩子們時常會為了享有就近觀察昆蟲的「特權」，任由蟲兒留在蔬果植株上生活，其實這也是一堂很有意義的生命教育和生態課，進一步，有蟲的地方，就有鳥兒進駐。

　　我所服務的學校，儘管地處都市核心，但是校園裡也有菜圃、小農田、灌叢、草原、樹林、動輒15公

尺以上的樹冠層……學校周圍更有公園綠地、河流等，吸引了許多鳥類進駐，大致上有八哥、喜鵲、夜鷺、黃頭鷺、麻鷺、綠繡眼、麻雀、白頭翁、斑鳩、白鷺，偶有五色鳥、翠鳥，甚至鳳頭蒼鷹、角鴞光臨，每當孩子們發現了新種鳥兒的蹤跡，都會欣喜若狂。除了鳥兒偶爾會啄食蔬果造成損害（友善防治鳥害的歷程，另有篇章介紹），孩子們總是想像，在校園裡應該幫眾多鳥兒蓋個舒適的「家」，就這樣，發起了「快樂鳥Villa」運動。

　　和藝術老師一起合作，帶領孩子設計一個適合鳥兒又富有美感的家。首先，得先和孩子們討論合適的大小，這會和鳥兒的體型有關，會「住」進人工鳥屋的鳥種，大多是中小型鳥類，而且，還要考慮安裝問題，因此，預設了不超過30公分立方的規格，大約是A4紙張大小的範圍，這容易理解。接下來就是討論材料，以國小生而言，簡易的木工工藝，以木板裁切、鋸造型、釘接、黏接等都不是很高的難度，也可以採取較厚的珍珠板材，以美工刀裁切，保麗龍膠黏著，質輕且堅固，容易造型，深受孩子喜愛。另外，也可以蒐集日常生活裡的各類材料來組合搭建，重點是可以在戶外禁得起風吹雨淋日晒。

蓋房子的日子來臨了，經過一、二週的討論籌劃，孩子們胸有成竹，以分組合作的方式進行，鳴槍動工，好像是房屋改造大作戰一般，紛紛使出渾身解數。這組用1公分、0.5公分厚的珍珠板搭建造型奇特的鳥屋，除了預留6至10公分寬的鳥兒出入口外，全部密閉保護裡面的貴客，外面還製作陽臺、車庫、瓦片、煙囪、階梯、遊戲場等有趣造型，可真是「豪宅」啊！

　　那組帶來了廢棄回收的塑膠瓶、鐵絲、小置物箱、木條，用鐵絲、繩索、束線帶、熱熔膠等七拼八湊，居然也造出了一棟奇特造型的屋子；甚至有一組孩子的屋頂，是用廢棄電風扇圓形網架罩在上方蓋起來，下方墊上透明塑膠片遮雨，孩子們煞有其事的說是「採光觀星最佳建築」，我看是新版「霍爾的移動城堡」！

　　鳥屋裝上樹梢的日子來臨了，大人爬上去綁在樹幹上，預防未來樹木變粗所需成長空間，以彈性繩索或彈簧延展鋼絲最佳，孩子們紛紛在樹下許願，未來鳥兒可以安居在此，這友善天真的畫面，迷人極了！

🍅 教學提示機

◆ 建造鳥屋的前期作業，可以先研究鳥類的生活習性與體型，依需求決定計畫。

◆ 材料以可在戶外安置為主，避免紙類素材不耐久，也要容易施工與造型，更要顧及安全，小學生能力有限，可以和藝術老師共同備課，指導合適的造型技法。

◆ 進階的做法，還可以在安裝鳥屋的時候，設置攝影機，未來真有鳥兒入住，就可以透過即時攝影觀察難得的鳥類居家生活。

🍆 小孩教會我的事

鳥兒是天生的建築師，孩子更是，原本以為孩子只會關心奇特出眾的造型，出乎意料的是，孩子思考的重點，從鳥兒如何出入、想像在屋內的迴旋空間、室內跳躍運動、增加自然材料拉近與鳥兒的距離、屋子結構的強度、預先找好樹幹根據地形設計……這些出於愛護鳥兒的善念，所展延的智慧，無人能及。

Lesson 7 小農創客營

　　創客，是近幾年興起的名詞，鼓勵每個人都能有自己的想法，然後真實大膽的去實踐它，其實也符合了素養下的探究實作。教室小農中，看見許多孩子天天當創客也樂於當創客，無論是利用光碟片製作驅鳥器、自製辣椒水驅蟲、瓶子底部挖洞變身澆水器，還是彼此良性競爭而成的水道工程師與農田造景師，甚至用掃把搭起了鷹架，都是創客展現的無限創意，誰說當創客很難，給了舞臺後天天都有創客產出呀！

7-1 小鳥及蟲蟲都愛來搭伙

　　大家都去過全X，一定要看過一系列標榜「老鷹紅豆」的產品，它強調的就是無毒種植及對自然生命的彼此尊重，因此我總愛挑選這系列的商品來品嘗它的美味。

　　我們的農田也是如此，會吸引不少口耳相傳的鳥類，麻雀、白

頭翁、斑鳩等都是常客，超愛吃農田的菜苗，尤其剛種下的綠色菜苗
常被一夕之間啃光了葉子，然後就無法長大了，所以多年來農友間總
會互通各種「天然驅鳥護菜」的方法。

　　多數農友們最常做的是吊著光碟片或綁著玻璃膠帶來反光，是
最方便簡易的一種，之前小農看到其他農田綁著光碟片，就好奇的詢
問這些光碟：「老師，為什麼陽臺上要綁一堆光碟片呀？」當孩子問
的時候就是「小農教學時間」登場了，等他們了解後就換他們上場當
創客來布置，而這些小農們也都能輕鬆完成：先把兩片光碟亮面朝外

並用蝴蝶夾夾住，再把繩子穿過綁住，最後吊掛一排就大功告成了。

我隔壁的農友則是善用教室內的塑膠掃把，交錯擺放在陽臺上來驅鳥，而且是天天放學後一根一根擺上，然後早上來再一根一根取下，日復一日直到蔬菜開始長大到一定程度，我每次看著她這樣細心呵護著她們班的菜苗，都想幫她報名「最佳農民獎」；也有一些農友直接買網子整片覆蓋，就像溫室種植一樣，完全不用當心鳥兒們來進食，只是這經濟效益就要算一下了。

除了鳥類，毛毛蟲也是超愛來啃食葉子，除了動手一隻隻來場抓蟲記外，班上小農女曾經自製「辣椒水」噴在葉子上，說這樣就可以避免鳥類及蟲蟲雙重攻擊。不管用哪種方式來驅蟲鳥護菜，其實就是要向「老鷹紅豆」學習，用最良善的方式來種植，與土地及各種生命共好，尊重每個生命體就是最佳種植法。

1-2 這是我的神奇澆水器

農田要澆水，澆水當然需要澆水器，市售有各種可愛的文青澆水器，不過這些都需要花錢購買，教室小農當然秉持環保節儉的原則——能再利用就不買，能免費就不花錢！

其實在學校要找到澆水器真的不難，因此一開始我就會直接跟孩子說：「家裡有的可以帶來，家裡沒有的就自己作替代品就好。」所以就會看到許多孩子直接拿漱口杯當澆水器，這「一物多用途」當然好，不過得提醒他們要記得洗乾淨才不會不小心吃到土。

　　更多孩子是直接留著洗淨後的午餐牛奶瓶充當澆水器，一些小男生還會自己在底部穿洞，仿照澆水器的小孔，慢慢讓水灑下來，只是想不透那瓶底很硬，他們到底花多少力氣去鑽洞呀？但你會知道小

男孩就是有辦法「逼當逼篩」搞出很多名堂的。有時候放學檢查學生座位時，我還會忘記那是澆水器，然後指著那椅子下方的瓶子：「你的位置沒整理好，還有一個瓶子！檢查長怎麼放行啦？」，「老師，那是我ㄟ澆水器……」小孩悠悠的說出口，好的，老師真的誤會你了，跟你道歉啊！

　　更有趣的是澆水器還會一個換過一個，當更好的瓶子出現時，孩子就會回收舊的換上新瓶，反正每個人的理由千奇百怪，沒事還是

不要亂問好了。無論哪種澆水器，善用隨手可得的物品來替代，重複利用就是做環保的最佳典範了。

7-3 搭鷹架，妳靠的是掃把

曾經跟朋友去過六龜番茄園，也體驗採果樂，知道種番茄需要搭建很多架子讓番茄攀附生長。教室小農種植各種蔬菜，一旦種了番茄、小黃瓜及其他瓜類，就得開始為他們搭好鷹架，方便植物好好生長。

秉持著環保節儉原則，我的鷹架一樣不花錢，而是將教室或校園中的廢物再利用──壞掉的掃把、拖把就是最好的支架來源，一支在手，鷹架到手。因為農田在陽臺上，所以搭鷹架的工作就由老師出馬最為安全，站上椅子開始搭建，小農可以當副手在下面協助遞送物品與工具，如此一來也能加速完工時間。

搭鷹架其實不難，就是把掃把的棍子插入土中固定好，只是這需要一點力氣就是了，所以站在椅子上施力的我，還是需要孩子協助扶好並抓緊老師！當支架都固定好後，就開始橫向綁繩子，就像市售的網架一樣交錯著綁就好，當然看自己的心情來個不同線條也行，誰規定鷹架一定要長得如何？

　　記得第一次種番茄還不知道要搭鷹架，隨著番茄愈長愈高，我們拿著竹筷子一根接著一根搭，但事實證明根本無法應付這龐大的植物，後來發現教室壞掉的掃把才靈機一動拿來用，頓時解決了搖搖欲墜的鷹架！

　　這些掃把棍子從此改變了他們的命運，跟隨著我歷經了幾代小農生活，只要開始種植番茄跟小黃瓜，這些就派上用場了，當然後面壞掉的掃把也陸續加入鷹架行列。雖然市售網架很方便也美觀，但是身為教室小農還是得說一句：「回收再利用的最好！」

7-4 未來水道造景工程師養成記

想到水圳灌溉工程，多數人會想到八田與一設計的嘉南大圳，滋潤了整個嘉南平原，可見水利工程對農民農業的重要性。

先前有提過我們的陽臺設有水龍頭，水一開洗個手就能順便澆水了，雖然方便又環保，但問題來了，水傾瀉而下會積水在前端而無法流到另一頭。小農們也都發現了這個問題，尤其種植在水龍頭附近的小農，常常會抱怨：「我的農田都淹水了！」種在另一頭的人又會說：「我的蔬菜都澆不到水呀！」

某天，神奇的事發生了！小男生興沖沖跑來跟我說他們挖了水道，還硬要我馬上去看，老師我只好被拉著往農田跑去，哇！一條彎曲水道就這樣被挖好了，接著孩子把水龍頭一開後，水就順著水道流滿農田，我忍不住發出了驚嘆聲！接著，就是小男生七嘴八舌

驕傲的訴說著他們如何挖出水道……。

然後又開始動腦筋到女生的農田，本以為女生會答應讓男生來挖，沒想到女生也不甘示弱的回擊：「不要！我們的

水道要自己挖。」看到這一幕，老師
我其實在竊喜，來吧！就來一場「男
女水道工程師爭奪戰」。

　　沒想到小農女的水道更妙了，不
但可以灌溉還兼具美感，這時我當然
要大大的稱讚彼此一番，列出雙方優
點好好讚賞。也因為這樣，男女二隊
好像成了競爭對手，各自觀摩比較再
改良自己的水道，就是要比對方更優，連別班的水道都成
了比拚對象。

　　結果，從挖水道灌溉開始，不但各種水道造型出爐，更各自取
了名字；還蓋了天橋、挖了水庫、鋪小石子，甚至仿造課本蓋了巨
人的階梯——梯田；最後，更演變成農田造景，功能與美感都兼具
了，這些都是始料未及的發展呀！

　　更有一個小男生計時水道灌溉全農田所需的時間，還拜託老師
我一定要錄下來，「老師，我剛自己計時了一下，開水後到全部農
田都灌溉到需要X分X秒！」這不用你特別說，我怎麼會放過這麼奇
特的水道與造景，沒有好好錄製呢！

　　看著每一次的水道挖掘，看著每一座農田的不斷進化，我好像
看到了一批批未來水道工程師與農田造景師正逐漸養成中。

教學提示機

孩子就是天生的創客：每個孩子都具有當創客的因子，老師在教學中就要想方設法激發出他們的創意因子，並且提供舞臺讓每個想發揮的人都能盡情發揮，就算失敗了，也願意勇敢的嘗試下一次，這樣的教室相信能讓你看見更多「未來XX師養成記」。

創客教會我的事

相信自己的無限潛能：生活中許多的發明，來自於因對生活的不便，所以想解決問題，這就得思考並付諸行動，一開始動手、動腦，你就會發現自己竟能擁有這巨大且無限的能量。

▲水道造景──高雄市新上國小Logo

舌尖上的文化小旅行

　　一般而言，在學校裡種植蔬果、樹木等植物，總會在植物的旁邊，設立介紹牌，介紹這株植物的名稱、俗名、產地、作用……等等資訊，用心的老師會查詢相關背景資料製作展示內容，出版商也有現成的解說牌販售，目的在於讓學生能夠充分理解植物的背景知識。

　　以上是基本款，許多植物各有其背後的動人故事，還有在文化上的象徵，東西方和不同族群之間各有不同，例如漢民族把小白菜譬喻為脫俗清秀的姑娘，矮冬瓜用來貶損身材矮胖的人，而小辣椒則是形容潑辣不好惹的人，蘭花則是高風亮節的君子。換成西方人，cabbage head（白菜腦袋）和pumpkin head（南瓜腦袋）都是罵人笨蛋傻瓜，tomato（番茄）譬喻為漂亮的女生，送人勿忘我花（forget-me-not）表示真正的愛（true love）……如果在介紹植物的同時，除了知識的灌輸之外，再加上文化意涵的延伸，一定可以更加有趣。

　　因此，我們發展了另外一套介紹校園植物的策略，可以用英語或其他民族語彙翻譯，或以古典文學詩經來介紹、以佛教經典作介紹、以臺灣各族群生活文化，或以有趣的故事介紹植物，都會是相當

獨特的素養教學。

　　以詩經植物舉例：

　　〈小雅・白駒〉：「生芻一束，其人如玉」，「芻」是可以飼牧牛羊動物的牧草。

　　〈小雅・甫田〉：「禾易長畝，終善且有」，「禾」也是「黍」，都是泛稱一切穀類，校園裡種植稻禾就可以這樣引申介紹。

　　〈陳風・澤陂〉：「彼澤之陂，有蒲與荷……彼澤之陂，有蒲菡萏」，這才知道「菡萏」就是「荷」的別名。

　　在原住民文化裡，五節芒可作掃帚，整理荒野雜物。月桃葉可當作包粽子或製做粿糕材料，像是「吉拿富」是以小米為主食材的「原住民粽子」，就會以月桃葉包裹。而產於臺灣中低海拔平野及山區的「假酸漿」，原住民族許多食物和前述吉拿富很類似的「阿拜 A Bai」，都是包裹著假酸漿葉來蒸煮食用，這些看似不起眼野花野草，可是原住民族的重要食材，在校園內的植物旁，立個說明牌，或者掃QR Code上網查詢，就會是很有趣的教材。

　　藉由小農種植或來一場校園植物大盤點，若能擺脫過去以「教科書般知識灌輸」的介紹法，改以有趣的生活文化連結來分享，是一件多麼有趣的事啊！這真的是一趟豐富奇妙的舌尖上文化小旅行。

🍅 教學提示機

◆ 設置文化植物說明牌，最好要和教材內容相結合，從課程著手，結合實地踏查，瞭解文學、文化等方面的特點，會是很有深度的素養培養。

◆ 許多文化植物，不見得是習慣整齊劃一校園裡的主流，反而可能看起來會像雜草野花，因此需要和行政部門妥善溝通，最好規劃一個專區，形成錯落有致的園區，就會很有特色。

Lesson 8 小農雜食堂

食農教育從辛苦種植開始一路到歡喜收成，最後當然進入了品嘗階段，帶著孩子享用當地食材，了解零碳食物、接受各種天然食物、體驗不同烹煮方式，最後吃出食物的天然美味。

所以「小農雜食堂」推出了許多餐點任君隨選，有了解當地食材而調製的高雄特製番茄切盤、不同烹煮料理的番茄100種吃法；營養午餐也有韓式燒肉及檸檬涼拌小黃瓜PK冰鎮生吃小黃瓜；嘗試接受各種天然食物的茄子、青椒、秋葵品嘗大會；吃出食物美味的期末鮮蔬魚丸湯宴VS玉米濃湯流水席，還有跟著課本炒一盤黃金蛋炒飯、星空早餐吧及媽媽沙拉趴的零碳食物饗宴，更讓番茄搖身一變成梅漬番茄產品，藉此讓孩子對天然食物有了更全貌的認知與體驗。

8-1 高雄特製番茄切盤

番茄品種很多，通常小番茄都當作水果來吃，牛番茄都成了餐桌上的番茄炒蛋，不過相信很多來過高雄旗津一遊的人，一定都品

嘗過特殊的番茄切盤沾醬吃法，所以身為高雄人怎能不帶孩子體驗一下這種在地風味呢？

所以當農田種出牛番茄時，腦中閃過的第一件事，當然就是──「番茄切盤沾醬」上桌了！但問題來了，這特殊沾醬怎麼調製？還是可以去哪購買呢？就這麼巧，班上家長開的超市有販售，直接免費贊助讓孩子體驗。（感謝高雄向田超市全力贊助！）

我問孩子：「誰吃過番茄沾醬？」果真如預期的零個，心想「番茄夾蜜餞」應該才是大家會吃過的絕妙組合吧？所以又繼續追問：「那吃過番茄夾蜜餞的人請舉手？」結果卻是出乎意料之外的個位數！而且連續幾屆都是如此的寥寥可數！到底發了什麼事？

我先讓孩子嘗試沾醬番茄，自己摘了牛番茄並洗切後，倒出薑味十足的沾醬，鼓勵每個孩子自己切自己沾來吃，果然這就是屬於大人的口味，許多孩子試過一輪後，都投降放棄沾醬直接吃番茄了，不過至少有試過。

收成小番茄後，我們接著嘗試番茄夾蜜餞，每個孩子收成自己的番茄，自己切自己夾，當然

老師得先示範一次才讓孩子動手，當孩子把番茄蜜餞送進嘴中的那一刻，看見許多人的表情都是驚呆了，「哇！老師，好好吃喔！我以前怎麼都不知道可以這樣吃？」老師我心理OS：乖，回去問你媽媽比較快呀！

有了這一次的美好經驗，幾乎全班都愛上了番茄夾蜜餞這一味，只要蜜餞一拿出來，就看到長長人龍等著餵食。班上有一位不敢吃番茄的孩子也因為加了蜜餞而大口吃下去，媽媽已讀女兒張大嘴吃番茄的照片簡直不敢置信，直問：「老師，你確定他是我女兒嗎？」孩子番茄蜜餞吃上癮了，不但問老師蜜餞哪裡買，更異想天開希望老師開團購，大家都要＋1購買，看來蜜餞完全征服了孩子的胃與味。

不管孩子是因為蜜餞愛上吃番茄，還是都愛，我想能讓多數孩子在小農生活中第一次體驗了番茄蜜餞的黃金組合，還讓不敢吃番茄的孩子都張大口吃下去了，這絕對是值得的。番茄，好好感謝你的神隊友蜜餞吧！

🍅 教學提示機

◆ 可以訓練學生使用安全刀，切片時，固定番茄的手記得手指彎曲向內避免切到手。

◆ 醬油薑汁沾醬不是隨買隨有，品嘗前要先尋寶一下或是公開徵求。

◆ 口味喜好人各有異，以鼓勵嘗試代替強迫，避免適得其反。

◆ 營養午餐有番茄時，老師也可以事前準備蜜餞讓孩子重現黃金組合。

🍆 南部特有食譜——醬油薑汁

各地醬汁還是有些許的差異性，但味道一樣美味！特調方法如下：

1. 醬油及水以1：1的比例或1.5：1混合後以小火煮到滾。

2. 煮開後加入些許白砂糖攪拌至均勻溶化。

3. 太白粉先用水調勻後再加入鍋中，記得邊加邊攪拌，並依個人喜歡的濃稠度來添加太白粉水的量，之後即可熄火。

4. 加入薑泥攪拌均勻，聽說用老薑更入味。

5. 將煮好的醬油放涼，要吃時再加入甘草粉拌勻提味。

8-2 番茄的100種吃法

看到標題不要誤會了，這不是食譜也非美食節目，而是因為教室農田長出一大堆牛番茄所突發奇想的班級活動。上一篇內容中，牛番茄用沾醬試水溫後，發現壓根無法征服孩子的味蕾，所以接下來採收的牛番茄，我就讓每個孩子輪流收成再帶回家品嘗，只是光帶回家就太無趣了，因此就在家族FB親子團中舉辦了一個「番茄的100種吃法」活動，讓各家更能參與小農生活。

活動訊息一PO出果真就因為標題吸睛而響應熱烈，各家不但貼出了番茄料理，還附贈菜名跟食譜，儼然就是個番茄美食節，從番茄果汁、番茄切盤到番茄炒蛋、番茄蛋花湯，各種常見番茄料理通通出現了，甚至連茄汁義大利麵、焗烤番茄這種在餐廳才能品嘗到的美食也都一一現身，擺盤裝飾樣樣都來，簡直是星級料理呀！

看著愈來愈多番茄吃法上架，還真有一股衝動，想要乾脆收集起來變成食譜書好了，只是心中也納悶著：不是每個人都只帶回一顆牛番茄嗎？沒錯，真的就一顆而已，那怎能變出一道道應該需要5顆以上牛番茄的料理呀？看來這活動是激發了地方媽媽的私房廚藝，最後全班還一起在學校「視吃了」這番茄滿漢全席，孩子也都興奮的舉手發表自己家的料理有多美味，甚至自己貢獻了多少，「老師，番茄都是我放進去煮的喔！」、「番茄汁是我自己榨

的！」、「媽媽煮好是我負責裝好擺盤的……」一整個七嘴八舌發言就是要讓全班都知道。

有了這次意外迴響，接著只要是全班孩子帶回蔬菜，就開個「XX菜的100種吃法」來讓各家展現廚藝，記得有次一位醫生爸爸就帥氣的PO出一張「泡麵＋青菜」吃法的照片，很想問：臺灣的醫生都像您這樣創意無極限嗎？

蔬果收成讓孩子帶回家分享是很棒的一件事，如果又能有個平臺讓各家交流展現創意，會讓分享變得更有樂趣。

🍎 教學提示機

◆ 善用線上平臺，不管是FB或是LINE群組都是可利用的。

◆ 針對已上傳照片，老師務必回應才能激發更多家庭分享，這也是親師溝通交流的一部分。

◆ 如果活動一開始沒有家庭敢先上傳，老師可以先私下邀請喔！才能拋磚引玉。

◆ 如果有時間，也可以聘請家長親自前來授課「番茄的私房料理」。

8-3 韓式燒肉榮登營養午餐餐桌

　　記得幾年前網路上瘋傳各國小學的營養午餐照，各國午餐內容一路滑下來，每一張都令人食指大動，直到最後一張是臺灣小學的營養午餐，就是個……，我想這就是多數人對營養午餐的看法，怎麼就是跟不上別國的美食呢？

　　自從我們在走廊農田種了生菜後，我們的午餐也變得不一樣了！喜歡吃韓式料理的人，一定品嘗過用生菜夾著燒肉及泡菜一包後，再一口塞進嘴裡的滋味，而我們的陽臺農田就提供了免費吃到飽的生菜，要多少有多少，不怕吃不夠，就怕你吃不下。

　　一開始這個點子是來自於隔壁農友，有天看他帶了一罐泡菜來學校，一問之下才知道原來今天營養午餐有燒肉，就準備讓敢吃泡菜的孩子自己去走廊鮮摘生菜葉，接著洗淨後就可以包上燒肉及老師準備的泡菜，一道韓式燒肉就這樣登上臺灣國小營養午餐的餐桌上了！你說厲不厲害？我聽完後也猛點頭稱讚她這好點子。

　　於是那次我就要了剩下的泡菜來到本班，然後跟孩子說：「今天的午餐有燒肉，大家想吃韓式生菜包肉的通通自己去陽臺採收新鮮生菜葉，如果敢吃泡菜的就來我這邊吧！」果真話一說完，幾乎全班都衝了出去，看來韓式燒肉是澈底入侵臺灣美食界了。

有了第一次經驗，接下來只要碰上了「肉」，管他是雞肉還是豬肉，燒肉還是滷肉，孩子就會習慣問問：「老師，我們可以去走廊拔蔬菜嗎？」這還用說嗎？你爸媽如果知道你這麼主動愛吃菜，應該會感動到痛哭流涕吧！

　　老師我更是受惠者，早餐土司夾蛋就走到外頭隨意拔幾片生菜夾入，營養與價值馬上大大提升；午餐想來點輕食時，就幾片生菜配上一堆堅果再淋上沙拉醬，完美；甚至連美式賣場的肉丸子，搭配上自家的生菜更是絕妙黃金組合，果然是「蔬菜在旁，三餐有著落」！

　　其實臺灣學校的營養午餐也愈來愈棒了，尤其百家爭鳴後更顯進步，各種料理都能出現。就算你的營養午餐沒進步，還是可以透過一點小巧思讓午餐跟國外一樣美味，就像我們因為走廊自己種的生菜，讓孩子的營養午餐也能很高檔，美味有變化喔！尤其當老師的你，看著學生們大口大口將一堆生菜自動塞進自己的嘴巴，只能說，那畫面實在太美妙！

🍎 教學提示機

◆ 老師引導的語氣或換句話說的方式很重要，才能讓學生有種「不吃可惜」之感。

◆ 就算沒有蔬菜可拔，讓學生可以嘗試換個餐盤擺設，這樣營養午餐看起來一樣可以像高級套餐那般美味。

8-4 茄子、青椒、秋葵品嘗大會

　　曾經看過某雜誌報導過孩子最討厭的蔬菜，這四大天王分別是：苦瓜、茄子、青椒及胡蘿蔔，其中茄子跟青椒就這麼剛好出現在教室小農的農田中，說實在的，老師完全就是想看看小農們，對這些自己種出來的蔬菜接受度如何呀！

　　每一次學生採收後，我們都習慣先一起在教室品嘗，這時學生口中的「賴大廚」就登場了，只要是蔬菜對我來講就是川燙，不但簡單也能吃出食物的自然美味，因此從採收、清洗、切到下鍋，都是大廚指導全班二廚一起完成。

　　記得第一次品嘗茄子和青椒，我做了一次調查，分別是「吃過VS沒吃過」、「喜歡VS討厭」以及吃完後的「喜歡VS討厭」，果

真如同雜誌調查報告一樣，沒吃過及討厭茄子、青椒的人占了多數，這樣的結果用來測試主廚的功力還真剛好。

　　我讓每個孩子自己切片，然後下鍋川燙，等待煮熟後再由大廚出馬撈起。茄子熟得很快，我一片片擺好盤並灑香鬆粉，接著讓每個孩子自己挑一片品嘗，不敢嘗試的孩子也都用鼓勵的方式：「至少吃一片，一片吃完如果不好吃或不敢再吃也沒關係，但不

能沒吃過就說難吃。」

　　結果，你相信嗎？第一輪吃完後幾乎所有的孩子都愛上茄子了，還搶著要第二片、第三片……，「茄子好好吃，老師你撒了什麼粉在上面嗎？」學生開始好奇的問。這時換我故作神祕：「老師撒了讓茄子更好吃的魔法粉。」當然我還是公布了魔法粉的真實面目，就是孩子會灑在白飯上的香鬆粉。

　　品嘗完茄子後，我最後再調查一次，果真翻盤了，喜愛吃茄子的人占了大多數，知道這對大廚來說是多麼重要嗎？根本就像摘星一樣興奮，當然還是有幾個維持原案，但僅僅就是極少的個位數。

　　除了茄子，青椒跟秋葵也都比照辦理，結局還真的都翻盤了。從此以後，只要收成了茄子、青椒或秋葵等，孩子就會開始期待中午加菜，當川燙熟後，班長就自動拿出一包魔法粉撒下去，全班就開始排隊等吃了。

　　不少爸媽知道孩子在學校吃了青椒跟茄子都不敢置信，孩子也很捧場說因為老師煮得很美味。各位小朋友，美味的是你們自己種出來的蔬菜，老師只是把水煮開再撈起而已，但無論如何，孩子就是堅持「賴大廚」煮的最美味，好吧！我就當起可以把茄子、青椒變美味的「賴大廚」！

　　故事還沒結束，不少爸媽看中賴大廚的功力，紛紛來訊說：「老師，下次煮洋蔥、苦瓜……那些好了，真的拜託您了！」

🍅 教學提示機

◆ 可以訓練學生使用安全刀，切片時記得手指彎曲向內避免切到手，低年級學生也可以嘗試，只要老師在場指導即可，如有不敢使用的孩子也不強迫。

◆ 口味喜好人各有異，以鼓勵嘗試代替強迫，避免適得其反，尤其被歸在討人厭食物的這類蔬果。

◆ 多給予及時鼓勵，也可以學生間相互鼓勵嘗試，就算孩子只吃了一次還是要給予肯定。

◆ 適時加入一些簡單調味可以讓孩子更願意嘗試，但切勿失去食物原味。

◆ 烹煮器具可以徵求家庭提供簡易個人鍋具即可，以方便使用及收放為主。

◆ 品嘗完後，可順勢帶出「均衡飲食」的概念，讓孩子不挑食並嘗試當令蔬果。

8-5 鮮蔬魚丸湯宴VS玉米濃湯流水席

被稱「賴大廚」久了也會相信自己廚藝真的很棒，所以除了蔬菜川燙外，也開始更複雜的料理，比如玉米收成時來煮個玉米濃湯，蔬菜收成時加點魚丸變成鮮蔬魚丸湯。這種料理都需要花更多時間，因此我都會想一個主題讓孩子來準備也更正式。就拿「玉米濃湯流水席」來說，聽到要分組變成餐桌，孩子就會服務生自動上身，準備桌巾、菜單、擺飾品及碗盤等，讓自己的課桌椅搖身一變成高級餐桌。

玉米濃湯的材料，當然唯一指定使用自己收成的玉米削成玉米粒來煮，加上康X濃湯包、雞蛋、火腿等通通指導孩子往鍋裡一丟，就大功告成了。接著就一組一組來盛湯回自己的餐桌品嘗，整間教

室頓時化身成客滿的高級餐廳，每一桌客人品嘗著自己種的玉米煮出來的濃湯，再搭配自己準備的小點心，根本是豪華套餐，當各桌稱讚聲此起彼落時，「賴大廚」這招牌又更加響亮了！

除了玉米濃湯外，也可在期末辦「鮮蔬魚丸宴」，顧名思義就是期末大家聚會般的饗宴。老師只須備好魚丸湯底，接著就讓

每個孩子自己到農田採收新鮮蔬菜，要吃多少自己川燙多少，然後再搭上魚丸簡直美味爆表。最後再三五好友一起席地而坐品嘗，完全實踐了產地到餐桌的零碳距離。每次都有一些吃很快的孩子來問：「我們可以再來第二輪嗎？真的太好吃了！」就算只剩湯底沒有魚丸，還是一堆人搶著純吃蔬菜湯，何樂而不為呢？

這些料理雖然簡單，也可以放手讓孩子來完成，但大廚的角色還是得由老師或熱心家長來擔任，會更安全。至於剛提到的各種食材，通常只要公告一出，相信很多孩子都搶著從家裡帶來貢獻。當然，如果你想辦XX宴或是XX流水席，甚至想取個滿漢全席都行，帶著孩子一起享用大家自己收成的豐碩成果，這才是活動的亮點與美味的來源。

🍅 教學提示機

◆ 此類活動大概需花1至2節課，需要學生分組討論各桌擺設與相關物品準備，同時也能結合餐桌禮儀教學或擺盤設計。

◆ 如果是低年級可以請家長來協助料理，或是結合隔壁班一起合辦活動。

◆ 學生務必充當二廚，不管是拔、洗、切、下、煮，這些會讓學生對食物及料理更有感。

8-6 跟著課本炒一盤黃金蛋炒飯

　　要炒出一盤粒粒分明的完美黃金蛋炒飯其實不容易，的確！吃過這麼多家炒飯，手藝好壞口感上還是有明顯差別。某版本中年級的國語課本中，就剛好有這麼一課在說明主角製作蛋炒飯的故事，上到這課時靈機一動對著全班說：「不如我們就來個真實版的蛋炒飯吧！把文字變成一道真實料理，蔬菜及蔥花就用你們自己種的如何呀？」此話一出，每個孩子躍躍欲試的心情全寫在臉上，迫不及待想成為大廚親自炒上一盤黃金蛋炒飯。

　　當然得先讓孩子分組討論，並把課文中提到的食材全找出來分

配，白飯直接就地取材營養午餐，一點兒都不浪費。為了讓孩子中午可以準點吃到午餐，活動前一節下課時，孩子就得先去採收蔬菜洗淨，接著自己盛白飯備著，其他食材如，玉米、雞蛋、火腿也都先準備好，而老師這邊則準備共同調味品，一切備好就等每位大廚們上場了。

　　同一組的人共用一個鍋就可以開炒，依據課文描寫，先加入什麼再放入那些，全都比照辦理，頓時教室成了吵雜的廚房，

「快！給我雞蛋！」、「要小力一點炒，飯都掉出來了啦！」過程中放入小農的蔬菜也是亮點之一，老師這時化身二廚在旁協助，有孩子更全程協助攝影，拍下每一組同學手忙腳亂的精采畫面。

最後當所有的食材都混在一起後，看似美味的黃金蛋炒飯也完成了，自己炒的當然要自己吃完囉！就這樣每個人都把課文的內容，轉化成一盤就在眼前的香噴噴蛋炒飯。至於鍋子、調味料、瓦斯爐等器具，其實只要公開徵求一下，就會有人帶來。那如果都沒有怎麼辦？就各自摘蔬菜回去，在家自己炒上一盤再上傳分享不就好了。

🍅 教學提示機

◆ 全班人數過多時，可以分2至3天中午來完成，避免因時間緊迫而影響午餐用餐時間。

◆ 每組3至4人最佳，共同合作完成一鍋炒飯再分碗享用。

◆ 共同的食材如，雞蛋、火腿、玉米及調味料等，可以請家長或學生共同準備即可，避免浪費或有組別忘記。

◆ 務必讓學生清楚整個炒飯流程，老師只是協助者角色，以安全為最大考量。

◆ 可以同時多組進行準備，這樣才能無縫銜接以節省時間，沒有輪到的組別可以安排攝影及其他協助工作。

8-7 檸檬涼拌小黃瓜PK冰鎮生吃小黃瓜

小黃瓜算是很常見又廣受大家喜愛的蔬菜，常常以涼拌之姿現身在各類小菜中，而新鮮生吃更不用說了，連日本觀光景點都會販售一根根冰鎮小黃瓜呢！可見小黃瓜生吃涼拌兩相宜。

陽臺農田小黃瓜因收成不多，所以只能供全班共享，而每個孩子能想到的也都是吃麵時，配上一盤涼拌小黃瓜開開胃，所以大家就決議動手來做涼拌小黃瓜！於是我請孩子各自回家詢問家中大廚涼拌小黃瓜製作方法，再選擇一種較簡易的來製作。

接著就是各組輪流登場獻手藝了，從切片、加鹽脫水，接著加入糖、蒜頭、檸檬等調味，全部由孩子一手包辦，味道要淡要濃，要辣要酸全由大家調製後再試吃調整，常常一條小黃瓜在被整組試吃過後，成品就只剩半條了，「老師，每個人都要試吃，調一次又再試吃一片，都快被吃光了……」孩子雖然語帶小小不滿的抱怨同組夥伴，但依舊樂此不疲！最後一個步驟是放入冰箱冰鎮一天，隔天午餐加菜，這時只要看各組的表情就知道味道如何，但老師還是得充當裁判來選出「最佳小菜獎」。

有了涼拌的經驗，當接下來收成數量無法分組製作時，生吃小黃瓜就登場了。老師只需備好一瓶沙拉醬、一把刀及小黃瓜，接著就是孩子排隊輪流切片沾醬直接下肚，連這樣簡單吃，都可以吃到要猜拳搶吃第二、三輪，甚至後來再收成時，孩子都選擇了直接生吃沾醬

法，不但快速又美味。

　　有個媽媽還特別來問我：「老師，孩子回來直說小黃瓜沾醬真好吃，可以請問一下是哪一瓶高級沾醬嗎？我也想去買一瓶。」其實就是一瓶再普通不過的沙拉醬罷了，我想小黃瓜自身的甜味才是美味祕訣所在吧！

　　不管料理東西軍你選哪一邊，看著孩子搶著吃光食物的樣子就是人間美味，管他涼拌還是直接拿起來生吃。

🍎 教學提示機

◆ 可以訓練學生使用安全刀，切片時記得手指彎曲向內避免切到手。

◆ 涼拌方式很多，可以先廣徵各類食譜，讓孩子回家挖寶更快。

◆ 調味食材統一準備，老師示範說明後，再讓孩子分組完成。

◆ 不管各組味道如何，獎勵和稱讚是對孩子精心料理的最佳注解。

🍆 地方阿嬤食譜——涼拌小黃瓜

1. 先將小黃瓜清洗乾淨，注意表面小刺要先刮乾淨才不會刺到手。
2. 再依個人喜愛切成片狀、塊狀或丁狀均可。
3. 加入少許鹽巴後揉一揉、搓一搓，讓小黃瓜出水後將水倒掉。
4. 加入檸檬汁或醋、糖、蒜頭等繼續溫柔搓揉一下。
5. 試試口味，太甜、太酸或蒜頭味道不夠重，就再加量調成喜愛的味道。
6. 調味完成後，包好放入冰箱冷藏一夜。
7. 隔天拿出即可品嘗，汁液可以當沾醬也很美味。

許多餐廳都會在上開味菜時端上一盤蜜漬番茄，剝了皮的小番茄一口咬下那瞬間，噴出的甜蜜汁液總令人滿足的一顆接一顆。

在教室小農的各種蔬果中，小番茄算是量產最多的前三名，不但孩子有得吃還能帶回家跟家人分享，更能文青包裝後上架義賣。有次看著豐收的番茄突然連結到在餐廳用餐時，令我難忘的那一味，順口跟孩子提了，沒想到很多人不但都吃過還很愛，就這樣小農蔬果開啟了變身農產品的第一步。

首先讓孩子把番茄洗乾淨，然後在表面劃一刀，接著通通丟進熱水中煮一下撈起放進冰水中降溫，這步驟應該是專家口中所謂的「鎖住番茄風味」吧！然後就是童工一顆一顆把番茄皮剝掉，男女生果真有先天上的差異，女生一顆顆剝得完美無缺，一些男生就把番茄剝成了一團果肉……這時就有女生提議了：「老師，我們女生要吃自己剝的！」好吧！那就來一場男女主廚大PK。

當番茄都剝皮處理好了，製作重頭戲就登場了，把番茄通通放進玻璃罐中，接著各自放入幾顆梅子再倒入些許

蜂蜜，最後加入冰水搖一搖就大功告成了。我必須說，這些製作過程全是我自己依吃過的口味來反推，沒有上網查食譜也沒問過別人，完全就是一種料理實驗精神，你也可以說這就是一種大膽的行為無誤。整個過程看著學生細心剝皮也樂著製作，心想應該會成功吧？最後，男女生各自把自己的梅漬番茄慎重的冰進冰箱，還做了記號。

隔天，我們在午餐時開封，當飯後點心品嘗，當孩子咬下番茄的那一瞬間，許多人都驚呼：「老師，好好吃喔！」各位，是番茄好吃不是老師啊！最後我從男女生的瓶中各取出一顆試味道，天呀！就是這個味道，我們竟然也能做出餐廳等級的梅漬番茄！就這樣，教室小農料理史又跨出了嶄新的一步，噹噹噹噹，梅漬番茄上桌囉！

🍅 教學提示機

◆ 網路有許多料理教學影片，老師如果怕失敗也可以先參考會更保險。

◆ 所需器具及食材都可以公告，請家長協助準備或提供，讓大家都有同步參與感。

◆ 熱水使用必須格外小心，尤其番茄煮完撈起還很燙，還是以老師操作為主，避免孩子被番茄燙傷。

◆ 成果不管如何，老師都要帶著稱讚語氣給予讚美與鼓勵，畢竟這是大家通力合作完成的。

🍆 老師實驗食譜——梅漬番茄

1. 番茄清洗乾淨，如果不是自己種的更要洗乾淨。

2. 利用小刀在番茄表面輕輕劃一刀，千萬別開腸剖肚了。

3. 將番茄丟入滾水中煮一下，不要煮爛即可撈起。

4. 將撈起的番茄放入冰水中冰鎮過後，再把番茄皮剝乾淨，煮得好就很容易剝皮。

5. 把番茄放入瓶中，加入冰水、蜂蜜、梅子，分量多少依個人口味而定。

6. 充分搖晃均勻後放入冰箱冷藏，隔天就能開封品嘗這份美味。

7. 蜜汁別浪費，可加水泡成天然冰鎮飲料，保證比外面「搖搖」更好喝。

8-9 星空早餐吧VS母親節生菜沙拉趴

　　教室小農不該只是師生同樂，配合班級經營或特殊節慶來場大型活動，把家庭一起拉進來，才是親師生三方一起的教室小農！星空早餐吧跟生菜沙拉趴就是一場親師生食農饗宴。

　　先來體驗「星空早餐吧」，因為農田生菜、牛番茄大豐收，搭上低年級生活課程及兒童節，於是廣邀家長來場兒童節早餐趴。活動公告一出，煎蛋的、煮豆漿的、烤土司的、榨果汁的、煎火腿片的⋯⋯通通都傾巢而出了，當然這些全由家長自願來服務。

　　孩子呢？當然是分組討論自己的餐桌擺設，看是要可愛風還是卡通風任君挑選，另外還有自己的餐盤器皿要準備，最重要的是活動前一天放學前就先把教室變身成親子餐廳，各組餐桌擺設動線都要規劃設計好，老師當然就是CEO角色了。

　　活動當天，家長大廚們早早就進駐餐廳準備了，一字排開像自助餐點一樣，每個孩子自己去農田現拔新鮮蔬菜洗淨後擺盤，然後一個個排隊點餐，回到自己的餐桌再開始享用「兒童節早餐吧」。

　　等孩子都盛完後，當然就是大廚們聚會的時間了，大人版的高級餐廳也在前一天就布置好，有專屬大人版的香濃醇拿鐵，再搭上鮮蔬輕食，頓時感覺彷彿置身在星巴X！

　「母親節生菜沙拉趴」也是搭著母親節慶祝活動而
來，從事前調查來校人數、走廊變身露天餐廳、學生準備餐具
卡片等等，都可以結合綜合活動或藝文課程準備，因為是服務大人
的餐廳，所以座椅當然要商請學校協助準備。

　　活動當天，每個孩子都化身成服務員，餐桌擺設全靠他們，接
著就是迎接貴賓到來並安排就位，然後端上一杯飲料招待，最後重
頭戲登場。每個孩子要自己到農田採收蔬菜，搭上堅果、水果等配
料，再淋上沙拉醬，一盤來自感恩之心的沙拉陸續送上餐桌，桌上

貴賓除了媽媽占多數外，還有阿嬤、阿公及爸爸，通通都在這餐桌上相聚慶祝母親節。

本校校長也來個彩蛋，推出現煮咖啡來共襄盛舉，孩子跟親人的各種互動，聊天、餵食、按摩等樣樣來，整個走廊都成了我們的露天餐廳！而親人沒空來的孩子，則負責協助採收蔬菜並包裝成蔬菜花束（後面會有詳解）帶回家獻給家人，然後再自己製作一盤屬於自己的沙拉料理品嘗。

這類的活動，就是一場另類的親師會，結合了節慶及食農，更結合了教學與班級經營，在這樣的氛圍下更能拉近親師間距離，也協助搭建了家長間認識的平臺，CP值簡直爆表。會累嗎？哪有辦活動或教學不會累的，但如果每個人都能從中獲得滿足與喜悅甚至滿滿成就感，就值得去嘗試！

🍅 教學提示機

◆ 這類活動可於教學第二年實施，在多了解家長屬性後，活動才易成功。

◆ 活動可大可小，全掌握在老師手上與心中，就算沒家長參與，沒有我們的小農蔬菜，也能轉化成另一種形式。

◆ 借用學校及家長資源，可以讓活動獲取更多支持也更順利。

◆ 中高年級可以放手讓孩子規劃籌辦，老師只需要給予大目標與方向就好。

◆ 要讓家長沒空參與的孩子也能有參與感，千萬別冷落這群孩子了，他們一樣可以去跟好友家人哈拉喔。

型男主廚到我家：
米其林三星養成記

餐桌上孩子們津津有味吃著漢堡，鬆軟的麵包切成兩半，漢堡肉在煎盤上煎得油花吱吱、香氣撲鼻，夾著起士、番茄、洋蔥、生菜、橄欖片……淋上沙拉醬汁，再配上炸薯條，還有香煎鱸魚、法式松露洋芋泥、烘蛋，再搭配番茄、櫛瓜、茄子、杏鮑菇等多種蔬菜在盤中，盤子上還插著小國旗，在三層點心盤架上占據最明顯的位子，這儼然是一場法式下午茶的規格，怎麼會出現在小學教室裡啊？

掀開謎底，原來，這是一場味覺教育課程，因應小農課程的發展，我們發起和附近法式餐廳一起合作探討「土地裡的真正味道」的

味覺教育活動，而善心滿滿的企業家老闆也滿心響應，他們看到學校孩子在老師的帶領下，校園各處種植超過50種以上的蔬果，驚奇且感動，希望進一步促成孩子能夠從土地中去汲取味道的本質與真實感動。讓孩子從親近土地開始，食用在地食材，這次就地取材是最好的方法，把收穫的蔬果，加上部分外取的食材，分析出酸、甜、苦、鹹、鮮⋯⋯等等味道，透過最原始的品嘗體驗，知道原來「味道」來自於自然與原野，而不在化學方程式中。

接下來，請出了真正的法式主廚，不折不扣的帥哥主廚到我家！巨星登場頓時引起騷動，預先準備好食材、餐盤、餐具等，煞有介事的幫每個孩子戴上了紙製的廚師高帽，圍起工作圍裙，一道道程序教孩子做出法式下午茶，在此同時，也介紹了西餐擺盤禮儀，這樣一場從認識自家栽種蔬果的真正味道，到料理上桌，不但趣味橫生，也展延探討了食物運送里程數碳排放量的問題，與地球公民素養的育成直接相關聯。

味覺教育的發想其來有自，參考了法國1990年由知名美食記者尚路克‧波提雷諾（Jean-Luc Petitrenaud）推動「味覺之週（La Semaine du Goût）」，帶動了數百所學校孩子及數百門課程，與農人、烘焙師傅、米其林名廚、老師等合作，帶領孩子學習食物來源與料理知識，培養下一代優雅的品味與飲食知識，重要的是對於自身文化的認識及重視。這套理論基礎，其實很簡單，帶領著孩子汲取來自

土地真實的味道，創意的表達出料理的趣味與個人需求，培養對於萬事萬物的熱愛，就成功了。

　　不只是法式料理，在地許多料理的做法，都可以援引當地人士或專家來協助指導。我過去在濱海的小漁村彌陀地區服務，當地盛產虱目魚，因此，虱目魚丸成為家瑜戶曉的平民美食，我邀請了在地的廚師來教導孩子製作虱目魚丸；在打磨虱目魚肉漿的時候，從廚師講解中得知，虱目魚最好的部位是魚頭燉煮，還有肥美的魚肚，整尾魚其他部位因多達222根大小細刺，大家敬謝不敏，早期除了燉湯和丟棄，別無他法；後來惜物愛物的先民把這些魚肉和魚刺仔細絞碎，和上麵粉、香辛料等，變成了美味的虱目魚丸，嚼起來有細細的沙沙口感，即是磨碎魚刺的獨特口感。這是關於土地文化和料理的有趣撞擊，誘發了不少孩子晶亮的眼神，難保未來世界知名米其林主廚，將會從這群土生土長的在地小孩中誕生！

教學提示機

◆ 辦理料理體驗活動，可以走訪在地餐廳，邀請支援與合作，經過妥善的講解溝通，大多會獲得極為友善的回應，或者可以和家長合作，帶著孩子從做中學，是最可以引發共鳴的課程。

◆ 安排孩子參與料理課程，應注意器材與安全的限制，部分需要高溫烹煮的食材與器材，必須特別由大人協助，或著可以先在專業廚房中做先期的處理，再移到課堂裡進行下一階段較簡單的料理，一切以安全為主要考量。

第三章

小農開外掛：
從跨域課程延伸到無限公益

小農美學館

　　食農教育從最初的種植
一路到豐收，再從環保、創
客到餐桌料理，這些是我
們常見食農的多數玩法，
但千萬別這樣就滿足了，
因為還有更多方式可以讓
食農呈現它美麗的一面，來到小農美學館就對了。

　　從改變農田面貌的裝飾美學，到針對農產品的花束包裝、商品
攝影及海報設計，進階到都可發行販售的經典雷雕木製餐盤及文青
環保袋，甚至還可以展現植物的一生一環之美，你會發現，原來小
農美學館蘊藏著這麼巨大的美麗能量，食農，果真值得美麗！

9-1 農田裝飾美學——哇！這真的是農田嗎？

　　大家對農田的刻板印象或許就是髒髒亂亂的，但在許多年輕
有創意的農民改變下，許多農田環境與種植方式都顛覆了大家的想
像。

我們的走廊農田一開始就是花臺變身，因為位在教室前，當然得跟教室環境搭在一起，雖然小時候的整潔秩序比賽已經不再舉辦，但整潔卻不會因比賽消失而隨便消失！加上老師我也比較愛乾淨，所以都會帶著孩子一起把花臺清潔得乾乾淨淨，每天也有固定的小農負責用小掃把清掃農田上的灰塵或細微泥沙，雖稱不上一塵不染，但也99％達標。

除此之外，只要孩子除草、挖水道、造景或是採收後，一定會有一批小農神出鬼沒般瞬間拿出掃把、拖把自動的把地板清掃乾淨；更有一批小農會備著抹布，隨時擦拭平臺，沒有最乾淨，只有更乾淨，連工具都要一一擺放到最整齊為止，讓農田看過去簡直像就是個樣品。

當然，農田的乾淨只是美學基本款，之前說的小橋流水、梯田造景就是玩到進階版了。本班有一位小男生很愛摺紙，他常常神不知鬼不覺的拿著他摺的作品走到我身邊，用他一貫的臺語腔調：「老蘇，這哩送你！」有天我靈機一動，不如來個「一日教師」請他教全班摺紙，然後一起

布置我們的走廊農田。就這樣，我們利用一個午休全班學摺紙，然後一隻隻彩色的不知名動物就現身了，我一一黏在農田的掃把鷹架上，整個農田瞬間可愛指數爆表，小小的摺紙卻帶來農田大大的改變，也顛覆了大家對農田的三觀呀！

　　你說，這美化農田的CP值是否也太高了些！

🍅 教學提示機

◆ 乾淨一開始就要要求並以身作則，學生就不會任由農田髒亂。

◆ 可以指派掃地工作時不在的學生，當作他的打掃工作，因為可以利用下課再來做。

◆ 當學生把平臺擦得乾淨粉亮時，務必立即鼓勵讚賞，他們會更有成就感又做得更起勁。

◆ 可以結合藝文課或綜合課來場農田大改造，相信又會有不同的美麗樣貌呈現。

9-2 蔬菜花包裝──今天你要嫁給我嗎？

　　鮮花一出大概很少人能抵擋，近幾年更搞創意，從金莎花束、小熊花束到白花花的鈔票花束都能吸引許多人出手。

　　記得小農剛開始種植有成，能帶蔬果回家分享時，孩子一個一個拔了新鮮小白菜，正苦無袋子裝時，隔壁農友突然拿出了藝文課製作康乃馨剩下的玻璃袋，哇！一把小白菜放入簡直是量身訂做，完美組合，瞬間我們眼睛都為之一亮的看著對方，就是這個袋了！後來沒了這量身訂製袋，我們也用起「X斤袋」來包裝過，一樣包得像極了一束花。但幾次後，有天突然想到：我們不是要環保嗎？應該不能用塑膠袋，而是要用環保的紙袋呀！

　　於是我動起了牛皮紙袋的歪腦筋，請每個孩子都回家找牛皮紙袋帶來，然後開始上起包裝課，首先把紙袋剪開變成長方形，二邊繩子剪下放旁邊等一下再出場，接著把長方形的牛皮紙毫無懸念的揉成一團再攤開，然後捲成像蛋捲冰淇淋一樣的圓錐狀，再來用膠帶固定好就差不多完成大半了，最後繩子就拿來變成蝴蝶結或花束提袋，一個有質感又兼具環保的花束紙袋就大功告成。

　　每個孩子只要把自己的蔬菜放進去就成了名副其實的蔬菜花束，也因為皺褶的牛皮紙提升了花束質感。幾次之後，發現不一定要用牛皮紙，各種有圖案的紙袋，都能捲出各具風格特色的花紋出來！記得有一次拍照完，赫然發現相鄰的二位小男生的蔬菜花束，剛好就是星巴X跟藍X二大咖啡品牌的對決！

　　後來每一代的小農一定都會來上一束蔬菜花束，根本是送禮自用兩相宜的好貨！但隨著蔬菜愈種愈多，收成次數愈來愈密集，就又發明出簡易版的花束包裝，真要感謝NHK三家出版社的教學海報

了，一大張剛剛好裁切成八小張，每一張又剛好捲成一個冰淇淋筒，簡單方便又快速，這也成了後來多數時候的包裝法，學生就直接拿在手上或插入書包側邊袋中帶回家。

每一代小農完成了「蔬菜花束」後，總會有搞笑男生上演「今天你要嫁給我嗎？」的單腳跪姿戲碼。親愛的男生！老師得告訴你一件事實，長大後要送女生花束，除非很肯定這女生真的愛蔬菜花，不然還是耍點小浪漫送上真花束吧！否則後果……自行負責！

🍅 **教學提示機**

◆ 紙袋取得容易，但還是得提前告知，全班互通有無才能讓每個人都參與製作。

◆ 捲成冰淇淋筒要些小技巧，所以可以分組教學或請出厲害的學生充當小老師。

◆ 因為紙袋遇溼會爛掉有破洞，所以蔬菜拔完切勿清洗，把根剪掉或泥土甩掉即可。

9-3 商品攝影——老闆，請問這杯定價多少？

臺灣手搖飲如果稱第二，我相信沒有哪個國家敢稱第一了，算是一種臺灣之光吧！各式飲料不但標榜口味獨特，連外觀都是層層疊疊的像個繽紛調色盤，有些更是強調有固定喝法，才能喝出精心安排的層次口感。

這樣的飲料在我們教室小農中，就有農友研發出來了，不但全部符合上述條件，更特別的是採用自家走廊農田的植物，呈現的是天然色澤與口味，到底教室小農除了番茄果之外，還能研發什麼飲料呢？

記得有天一大早就被農友請到她的教室，她從袋中拿出一支用透明玻璃瓶裝了三分之二的柳橙汁，接著再拿出一瓶神祕液體，然後說：「你要不要錄影，我現在要變魔術了喔！」What？平時這麼有氣質的老師現在要變魔術給我看？除了驚喜外當然趕緊拿出手機對準畫面……只見她緩緩把紫色液體倒入柳橙汁中，邊倒邊請我仔細看那黃紫交接瞬間的變化，天呀！我的眼睛到底是要看螢幕還是實體？完全不想錯過任何一秒！倒完後又從小盒子中拿出一顆顆晶瑩剔透的紫色冰塊，根本就是紫水晶無誤，放入了飲料再蓋上瓶蓋，整瓶飲品就大功告成了。

好的，真相只有一個，謎底即將揭曉，原來紫色液體就是外面陽臺上的紫色蝶豆花，紫水晶冰塊也是！沒想到我一直夢想品嘗的味

道，今天終於無預警的得到手了，還免費看了一場宛如魔幻秀的特調！簡直是身心靈都賺到了，上班不就該如此美好嗎？農友還特別叮嚀要好好拿不要晃，顏色才會有漸層美，最後才慢慢融合成一體，建議我可以先品嘗單純蝶豆花的口感，再感受蝶豆花與柳橙交錯的火花，然後⋯⋯這樣的叮嚀聽在耳裡，完全能感受到創作者的用心與對產品的重視！

　　手上拿著這一瓶紫黃層疊的蝶豆花飲品，我沒有選擇先喝，而是立刻拿到走廊陽臺，放在蝶豆花前，拿起手機開始狂拍，喬位、喬

光、喬角度的拍了不下數十張，遠景、特寫、聚焦各種模式全來過一輪，就是要趁顏色美麗時留下那獨有的自然美，心想，哪天也要帶著孩子一起來玩食物攝影。

後來我挑了幾張自認很到位的相片來後製，裁切成適切大小並搭上簡單文字「果。然色」回贈了農友還寫了一句話：「請問老闆，這瓶特調——夢幻紫浪漫要賣多少錢呀？220元應該很可以！」

🍅 教學提示機

◆ 新鮮蔬果收成或蔬菜包裝都可以玩攝影，簡單的手機就能上手，對孩子而言也較易達標。

◆ 可以先請教攝影大師拍攝技巧，簡單教授後再請孩子動手拍攝，成果會更好。

◆ 也能上網搜尋食物拍攝相關影片與相片，孩子看了會更有感，一切從模仿學習開始。

海報設計──今晚來點洋蔥……花！

商品攝影其實跟海報設計是環環相扣的，因為有了好的相片來設計海報，感覺就已經成功一大半。

先前有提到洋蔥開花的驚人發現吧！因為這朵洋蔥花，我從學校一路拍到家裡，從門板一路拍到地板，更從白天一路拍到晚上，拍到我傳訊息跟農友小小抱怨：「都是這一朵洋蔥花，害我拍了一整天啦！」抱怨中夾雜更多的是愛不釋手！而農友看了我在拍也加入戰局，實在要好好感謝發明數位照相的人，如果還停在底片時代，我就無法狂拍了，或許也激發不出我的攝影魂。

當然，一堆照片精挑細選後，真正滿意的極少，挑選後又開始玩起後製與海報設計，由上而下看著整張照片，我覺得就是要跟大家說：「這是，洋蔥！」簡潔有力的圖文設計，連自己也佩服自己了（大笑）！雖然只是簡單的四個字，卻花了我許多時間！從想字開始，字體、顏色、大小、擺放位置等整體畫面的協調感，還要凸顯主題，在電腦上不知更動幾百次，最後才有令自己滿意的一張海報出現。

這是

真 洋蔥

教室小農‧一步蔬果

也因為設計過程是如此的燒腦，我更想把這樣的過程與孩子分享，後來剛好遇上了「疫情居隔」，更巧的是母親節又即將到來，靈機一動，把海報設計結合母親節！就算疫情居隔我們一樣可以慶祝母親節。所以我在線上先展示出自己的拙作，然後開始把設計技巧與思考過程都一一跟孩子分享，接著我丟出幾張照片要孩子自選一張並搭上母親節，設計一張母親節海報，剛好利用線上課的優勢，全班一天就全數交回自己的海報設計了。

打開每一封信件，看著每個人的感性文字，不管是中文還是英文都超有感，再看看版面設計，就算技巧生疏但心意100分！有一位大男孩的主題是──「我的媽媽咪呀！」巧妙的將自己的名字縮小成了洋蔥花上的小葉子，完全吸收到這堂課的設計技巧。

最後我利用了一些時間，在母親節當天，客製化的一張一張傳送孩子親自設計的母親節海報給每一位跟我一樣辛苦偉大的媽媽們，也紀念這因疫情全班居隔的特別節日。

母親節，大快樂！

🍅 教學提示機

◆ 網路有許多海報設計範例，就算老師沒有親自動手也能蒐尋相關作品讓孩子參考。

◆ 照片元素要讓孩子有所感或有情感連結，結合一個主題來設計會更聚焦。

◆ 等孩子有了一次或幾次經驗，就能將攝影跟海報設計結合成完整課程來玩了。

9-5 文青環保袋設計──這是我專屬的購物袋

　　環保袋是近幾年的流行趨勢，很多人也都會利用簡單的帆布袋設計出自己的購物袋，不但環保更顯時尚文青風。

　　今年帶的班級有幸被學校的藝文大師授課，就在課程最後階段端上了一道終極料理──班級LOGO環保袋設計，每班由自願的孩子設計專屬自己班級風格的LOGO，並透過專業級的單版複刻套色版畫印刷製作，每個人都能擁有一個專屬環保袋，連老師都不例外，而這一切直到作品快完成我才知道！

　　話說從頭，有一天二個小女生拿了一張草圖給我，跟我說這是藝文課創作，想詢問我的意見。我一看圖，是畫著606字樣，中間的0以一顆小番茄來呈現，下面還有象徵植物的藤蔓，「很讚呀！有創意，而且還有番茄耶！」我立馬回應。小女孩接著說：「因為我們想說番茄可以代表我們班小農，所以老師覺得OK嗎？」當然呀！這還用說，我們二年來不就是天天當小農，這番茄畫得好！但我必須承認，當下看完後我就把這件事拋在腦後了……。

　　一直到最後印製階段，我看到印在帆布袋的半成品，哇！也太令人驚豔了！一個個專屬教室小農的環保文青袋就這樣陸續完成，令我差點痛哭流涕，這時我才想起一二個月前，孩子給我看的番茄草圖！雖然因為疫情延宕課程進度，好在所有的袋子都在畢業前印製完成，看著這專屬教室小農的文青袋，心中只有一個想法：如果可以實

體畢業，我一定捨棄名牌包，帶著全班一起提著小農文青袋進場。

　　願望果真實踐了，就在6月6日當天，我帶著6年6班畢業生提著606番茄小農袋校園巡禮並驕傲的進場，感覺到整個畢典就是我們的「小農文青袋新品發表」，而走在伸展臺上的畢業生就是這場秀的最佳名模，更是教室小農最佳代言人！連藝文大師看到這一幕，也感動到快門按不停！同一天我也收到一位小女生的大禮——自己手工製作的手提布袋，上面繡著四顆紅通通的番茄，我眼淚都快飆出來了！

　　當然除了文青袋，我們更早就推出了經典限量木製餐盤，由校長親自操刀設計圖案並雷雕，用來擺盤裝飾，讓蔬果更顯質感，這兩樣商品一推出都有不少人想＋1敲碗團購呢！誰說小農就只能是印象中的那樣，既然大家都想＋1，我就好好認真來思考一下「小農文青風環保袋」及「小農雷雕餐盤」商品的開發，請有意合作開發的廠商來電，請撥……！

🍅 教學提示機

◆ 如果經費許可，老師其實可以委請科任老師多製作幾個，送人自
用兩相宜。

◆ 如果學校沒有這麼厲害的大師，其實請孩子用筆直接在帆布袋上
創作也很可以喔！

◆ 商品開發製作可以尋求異業結盟的方式來進行，讓創作能商品
化。

9-6 植物自然美——番茄的一環一生

　　記得大學念寄生蟲學，最痛苦的莫過於要畫出並背熟每一隻蟲的Life cycle，從出生到寄生人體的過程，簡單說，這科就是決定是否All pass的關鍵！有一天朋友分享了一張網路照片，是草莓從結果開始一路到成熟的每個階段，看到這張圖，記憶立刻回到那寄生蟲上……。

　　當然朋友的目的絕對不是要我想起痛苦的蟲蟲，畢竟知道我唸過寄生蟲學的不多！而是好心分享並「希望」我也可以來張番茄梗圖，我心想這應該不難吧？外面一大堆番茄可以用。所以我走到農田先從掉落的番茄撿起，接著在一堆番茄中，開始挑選並仔細剪下番茄各種階段的樣貌，最後捧著回教室開始在黑紙上依樣畫葫蘆的繞一圈，還特別從種子開始排起，一路到開花結果，果實從小小綠豆般開始一路慢慢變大，顏色也從草綠、青綠、橙色、紅色到紅彤彤！

▲番茄的成長過程

　　學生在一旁好奇的看著，然後也當起助手協助挑選大小及顏色，畢竟孩子眼力比我好，顏色差異更易挑選。就這樣我徒手排了一個圓，看到最後傑作師生都發出讚嘆，尤其

番茄顏色的漸層，從綠到紅根本是無縫接軌得超級順暢！排完後當然就是拍照了，各種角度、光線及效果通通來一輪，照片一出去，好友立刻回：「真美！但你一定有先畫一個圓再排對嗎？」當然沒有呀！我可是徒手排完，現場有一堆學生可以作證，我都佩服自己可以排出幾近正圓的番茄一生。

▲茄子的成長過程

學生們也利用下課，更仔細看看這些他們自己種的番茄，雖然過程一直都有參與，但把這些階段全湊在一起觀察還是頭一遭，還有出版社　　　　　業務帥哥看到後，直問這可以當成補充教材分享給其　　　　　　　　　　他老師嗎？

後來因為茄子生病了，我也藉此排出茄子的一生讓孩子觀察，也利用一堆小番茄＋牛番茄排出過年愛心；用各種彎曲茄子＋番茄拍出一隻小丑魚；甚至用特殊彎曲的茄子加上二顆番茄排出問號及驚嘆號，果真天然的顏色最鮮豔飽

和，水果畫作令人賞心悅目。

　　曾經有一位媽媽家長，傳了一張照片來，一點開，下巴差點沒掉下來，是孩子利用帶回去的綠色蔬菜及其他食物拼出的女舞者畫，我當下除了狂讚不已外也詢問是否可以分享，只是媽媽扼腕說：「女兒有交代，不能分享喔！我也是冒著被女兒碎碎念的危險，偷偷傳給老師看……」慶幸，此時此刻，這幅「蔬菜女舞者」終於可以正大光明呈現在大家眼前，完全不用敲碗了！

🍅 **教學提示機**

◆ 番茄因為數量多，也會掉花落果，所以如果要排「xx的一環一生」可以先從這類開始撿起。
◆ 各種植物的一生都很適合自然課觀察，所以老師可以結合自然課來讓孩子動手操作。
◆ 用水果蔬菜創作只是採收後安排的一個小活動，務必珍愛食物勿浪費才是，我們排完可是洗淨繼續品嘗的。

校園露營野餐趴

　　綠意盎然生機蓬勃的校園，種滿了新鮮蔬果，若沒有好好大快朵頤實在可惜。因此，一般常見收成後隨著學校午餐或創意料理課程執行「大吃一頓」計畫，或者跨領域探討有關其他議題的整合教學，用心的老師想必會絞盡腦汁擴大這些邊際效應。重點是，深度的生活美學實踐與大吃一頓的儀式感該如何交融，成為「好好吃一頓」的驚奇盛宴？不如，來一場「校園野餐日」吧！

　　試想，氣溫適宜的季節，在和煦陽光輕輕徐風的日子，校園草地花朵正盛，找個沁涼的樹下或遮蔭處，和師長同學們共處幾個小

時甚至一整個下午的好時光，慢慢食、輕輕聊，將平時栽種的蔬果端上來，品嘗彼此照顧農作的點滴，或坐或躺在柔軟草皮上，天南地北過去未來自在分享，或者偶爾串串門子殺到其他小

組的地盤彼此觀摩，聽聽他人的祕密和笑話，玩一場桌遊，在草皮上吹泡泡放風箏，這真是愉快極了！

這美好的野餐饗宴，當然得好好策劃，學校行政端應該做最佳的後盾，首先，我們為了這件事，在校園裡找了一個有棚架的地方，搬來幾張桌椅，預作天氣炎熱或雨天時的半室外備案場地，有那麼一陣子，總務處還將報廢的實驗桌維修一下，漆上漂亮鮮豔的色彩，成為長期友善的「野餐聖地」，只要班級提前「預約登記」，即可在此享有一個半天的愉悅時光。

不過，最標準版的野餐計畫，一向發生在優美的草皮上樹蔭下，我們可以進行以下的策劃：

1.**午餐主題日**：學校午餐可以特別開發每月一次的「異國風味餐」食譜，每月以「國家」為主題，例如日式炸豬排、日式壽司、拉麵、美式漢堡、薯條、貝果、生菜沙拉、義式比薩、地中海飲食、法式吐司、普羅旺斯燉菜、法式嫩煎鴨胸……野餐當天環繞著「國家或區域」的主題，跨領域加深加廣探討或者另行準備主題食材，會是不折不扣的「野餐超級日」。

2.**選定好時辰**：以午餐時間為基礎，加上之前的準備與後面的展延，會涉及較多節課，不妨與其他老師來個共同備課跨領域連結，順便也可以邀請其他師長共襄盛舉，試想不同科目老師和孩子們一起野餐聊天，平等對話，這是多麼美好的畫面啊。

3.**籌備食材與器材**：麵包、前菜、主題食物、飯糰、沙拉醬料、烤物、炸物、餅乾、果汁、水果……等等可以在野餐中發揮的食材，預先分配規劃。另外，野餐器材也是極為重要的一環，以美感與實用為前提，帳篷、布置小旗、野餐籃、野餐墊、防疫消毒用品、美麗餐盤、保鮮盒、餐具、保溫桶、清潔用品、表演用具、娛樂桌遊、小玩具、吹泡泡、小風箏……。

4.**訂定節目表**：預留事先布置時間、事先擬定邀請名單、分組、防疫消毒、收成農產品製作餐點、餐食分配、甚至可以來場布置競賽、才藝表演、遊戲聯誼、過程紀錄、清潔善後、成果發表……讓孩子們充分參與主導，會有意想不到的效果。

吃飽，還不如吃好！溫飽，已經是文明臺灣的基本條件了，這裡的好，指的是對於自己曾經努力栽種農產的敬重，對於生活美感態度的實踐，對於地球公民議題的探討，還有對於友誼的珍視經營，一個看似趣味橫生的野餐活動，能夠導引出寬闊細緻的教育理想，這也是小農們教給我的事。

🍅 教學提示機

◆ **食材很重要**：選擇乾式食材為主，單一食物分量不宜體積太大不易切割，避免湯湯水水不利於戶外操作，避免容易因為氣溫高而壞掉的食物，如海鮮、奶製品等。

◆ **防疫很重要**：強調分食樂趣的野餐，僅限於疫情減緩政府公告可行之時，嚴謹的隔板措施或個人獨立餐食也是可行配套，另外還要落實消毒。

◆ **安全很重要**：戶外野餐難免會有動態移動或靠近自然花木，預先限定活動範圍，並選擇防滑鞋具、遮陽帳棚、帽子、防蚊蟲外用藥品等有助安全維護。

◆ **環保很重要**：避免品項過多，準備了過多分量，造成食材失衡的浪費，預先妥善分配規劃，餐具和用具必須可以重複使用，也不必追求市面上販售的流行野餐用品，使用生活物件發揮創意多元用途最好。

Lesson 10　小農行銷學

現在社會什麼都要行銷也什麼都不奇怪，商品要有品牌再行銷，社會大眾也才能認識好商品進而因好品牌產生購買力。

雖然我們小農並不以販售為目的，但仍想有一個自己的品牌，家長熱情的敲碗加速了我們創立──「教室小農 一步蔬果」品牌，並讓孩子設計品牌LOGO，更將教室小農拍成一部短片上傳，然後變身一個QR Code任君隨掃隨看來認識這個品牌故事，更希望也透過網路平臺讓更多人了解「教室小農 一步蔬果」，接著當然是希望有更多孩子加入教室小農的行列。

10-1 故事力──一步蔬果品牌成立

小農一開始沒有行銷，因為都是自給自足，直到家長在FB親子團中留言敲碗：「老師，我們也想品嘗玉米、番茄……」好吧！那就來考慮販售吧！「只是販售總要有個品牌吧？」當時心裡如此想著。看著窗外的農田，腦中突然閃過一個名詞「一步蔬果」，沒錯

就這個了，教室走到農田真的就一步距離，這「一步」太貼切了！加上我們一開始就是教室小農，所以品牌名稱──「教室小農 一步蔬果」就這樣在我腦中定案了。

有了品牌名稱，接下來就是品牌LOGO，我直接找了班上一位很愛畫畫的小女孩來設計，跟她說品牌名稱與意義後，接著就是讓她自由發揮並問了一下幾天可以完稿。她開心的接下這重責大任，還興奮的跟我說：「老師，我應該一天就可以完成了，我試試看。」

果真只需一天時間，隔天她就把屬於一步蔬果的LOGO設計拿到我面前了，一幅色彩繽紛又富童趣的畫，元素包含了我們常種的番茄、玉米和葉菜類，每一種蔬果在她的畫筆下都擬人化成了可愛小農；而一步蔬果四個字更藏了多種蔬菜及每天走到農田的腳步，一看到她的設計，立馬可以感受到一步蔬果的魅力，「你真的太厲害了吧！一天就可以，這設計果真到位！」只見小女孩雀躍的表情寫滿臉上。

接著就是老師接手後製了，進到電腦掃成圖檔，再加上家族LOGO就完成了，沒錯！就這麼簡單，原因無他，一來孩子本身的設計已經很完美，二來老師的電腦功力就只能如此，所以我能做的就是輸出大大小小各種尺寸的LOGO，想著要貼在哪裡讓大家看見。

有了品牌名稱及LOGO，瞬間感覺整個小農又更進化了，上課時開心跟全班公布了這消息，讓大家知道自己種的蔬菜，從此以後都有

品牌還有專屬LOGO標章，也讓孩子知道品牌的由來與意義，更藉此把「食物里程」帶出場讓孩子了解。「一步距離」就是我們教室小農驕傲的「食物里程」，輕鬆就能達標零碳排放量，只見孩子眼中個個散發出驕傲的眼神。

是的，我們可以大聲說，「教室小農 一步蔬果」就是個正港的環保品牌。

🍅 **教學提示機**

◆ 品牌命名或LOGO設計，可以廣徵班上英雄好漢來參與，這會讓孩子更有參與感。

◆ 命名活動可以當成班級活動，每個孩子都要想出一個名稱及意義來參賽，就看老師想要把重點放在哪裡。

10-2 美感力—— LOGO瘋設計

話說有天跟一些女生在閒聊，話題中就有人提到：「老師，為什麼你只有請XX設計教室小農的LOGO？我們也想設計看看呀？」

「真的嗎？早說呀！想設計都來呀！」我認真的回答這些小女生的問題。

於是我上課宣布：「這週藝文課大家都來設計自己教室小農的專屬LOGO！我們來看看誰的設計最能代表一步蔬果。」我也知道這句話一出去苦主就是我！雖然我熱愛設計也對美術算是有點天分，但「LOGO設計」可不是開玩笑的專業難，所以除了上網查了許多設計資料，更參考許多範例，最重要的是怎麼教一群小四孩子設計LOGO，這才是難上加難呀！不過好在自己對設計有著莫名的熱愛，也就敢大膽一試！

我先從許多知名的LOGO設計帶入，讓孩子了解LOGO的意義，接著進入設計概念、主題緊扣、元素組成、構圖配色……等等，我所能想到的都跟孩子毫無保留的說明了，接著就是著手設計。

從概念到草圖再到定案，我只記得全班每個孩子來來回回跟我討論修改加總不下幾百次吧！我根本在自虐無誤。但最後看到每一個人的設計，我真心覺得這自虐有代價，你真的無法想像小四生可以設計出這樣獨一無二的LOGO，不但符合一步蔬果精神，更帶有小孩特有的童趣，有一個大腳印裡面寫著一步蔬果、有一頂斗笠造型上面布滿蔬果、有一隻張開的手頂著五種蔬果……各種不同LOGO來詮釋一步蔬果，我太滿意這次的設計成品了。

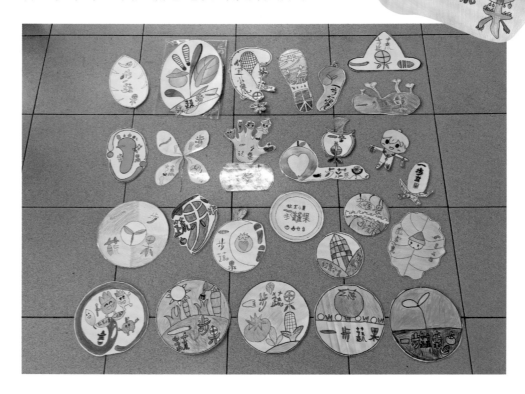

接著，我比照辦理把全部孩子的創作都變成圖檔，並加上家族LOGO成了每個人專屬的小農標章，最後輸出圖檔並搭配小農影片的QR Code一起護貝送給每個孩子。孩子看到了自己的作品變成專屬標章也都感到很新鮮，尤其小小一個護貝後質感提升了許多，讓孩子們愛不釋手，我看著這小巧的LOGO也感到一股莫名的成就感！天呀！這些都是我一個一個指導教出來的，也太感動了。

至於孩子原本設計的原稿，當然不能丟呀！直接護貝搖身一變成了母親節蔬菜沙拉趴活動中的個人專屬餐墊了。

🍅 **教學提示機**

◆ LOGO設計是較專業領域，可以與藝文老師搭配一起完成。
◆ 如果只是要讓孩子小試身手初體驗，就不用太在意作品完成度的高低與否。
◆ 每件創作都是獨一無二，用欣賞的眼光來看待每件作品，或許下個設計師就在這群孩子之中。

10-3 科技力──了解小農請掃一下QR Code

　　網路世代的方便無須我多說，只要會多用就好！記得以往要打上一串網址，接著搜尋幾個關鍵字，現在，只要手機對準QR Code掃一下就進去了，這種好康的便利當然小農也要來玩一下。

　　為了讓家長及更多人知道「教室小農 一步蔬果」，我利用孩子教會我的手機APP製作了一段影片，從介紹教室小農、小農種植、豐收饗宴，到新聞報導、品牌建立、行銷義賣（啊！先劇透了！）及公益共好（再次劇透一次）等串成一部影片，搭上陽春音樂就上傳了。簡單的三分鐘影片，可以讓大家對教室小農有初步的了解，也能一窺都市建築高空的農田到底是何方神聖？有什麼規模？更能清楚這些小農女及型男農夫都在搞些什麼。

　　最後我更把影片變身成一個「QR Code」輸出，貼在走廊農田柱子上，走過路過的老師或來賓只要手機一拿出來掃一下，就能知道我們在搞什麼鬼啦！完全進階到無人化解說。

我們在搞什麼鬼啦！完全進階到無人化解說。

小農故事，了解一下！

　　既然影片掃一掃都有了，就得善加利用，像是孩子包裝好蔬菜花束後，我將每個孩子自己設計的LOGO結合QR Code變身成小標章，扣上迴紋針搖身一變成為兼具小吊飾的牌子，只要收禮者拿出手機，就能輕鬆了解這蔬菜花的由來與它們的產地，是不是很便利與環

保呢！除了這支影片外，媽媽節時全班孩子拿著蔬菜花束唱著周天王的〈聽媽媽的話〉，這影片也能變身成一個小小的 QR Code，讓在地媽媽們隨掃隨看隨聽，隨時都能過母親節來感動一下呀！

後來發展更多影片產生，因為小農觸角愈來愈多元，有創客發想篇、環保節能篇、公益共好篇、豐收料理篇等等，每一支影片都真真實實的記錄著小農的每一步。只想說，謝謝當初教會我影片製作的小四男孩；謝謝現代科技帶給我的無敵便利。現在，就請你拿出手機掃一下，小農女及型男農夫即將現身為你服務解說囉！

🍅 **教學提示機**

◆ 手機APP有許多免費好用的製作神器，請孩子教一下都能輕鬆上手。

◆ 班級活動也能善用科技，既環保又快速，動態影片永遠比靜態照片來得吸睛。

10-4 環保力——商品包裝也要走文青風

俗話說「人要衣裝佛要金裝」，在這行銷當道的年代，商品也要包裝！近幾年來許多農會，也都紛紛替自己的農產品換上新裝、走上文青風，讓商品有了全新命運！

教室小農當然走在時代尖端，不管是自用、送人或是義賣，通通文青上身，不得不承認蔬果瞬間質感飆升，價值加倍，更是人見人愛。但別以為這樣文青包裝是要花大把大把鈔票才能實現，相反的，我們以環保為基底，隨手可得物品為元素，透過創意包裝，讓蔬果美感立馬提升。

除了之前提到的蔬菜花束包裝，善用牛皮紙袋和有圖案花色的袋子變身包裝紙，讓蔬菜包裝也能呈現如花束般的美麗。其實現在

隨手一杯咖啡的杯套更是超好用，不管是星巴X、全X、四大超商等各家的杯套，不僅花色多還能依季節節慶而有不同的風格，這些通通一個都不能放過，從可愛風到氣質風，從過年感一路到聖誕感，每一個杯套都能讓蔬果搖身一變成文青商品，只要把蔬果用紙袋或透明塑膠袋簡單包好再套上一個杯套，你會發現，質感完全提升了。

另外，還可以善用小紙箱、繩子、各式小瓶子或玻璃瓶，都能讓一顆顆小番茄、一條條茄子、小黃瓜搖身一變成文青商品，最後當然還會別上專屬教室小農的LOGO標章與QR Code，品質保證。不多說，立刻買上一杯熱拿鐵，用那杯套及紙張來包裝家中的蔬菜水果吧！你會發現你也是文青商品的設計師。

🍎 教學提示機

◆ 生活中有許多東西是可以重複再利用的物品，改變一下都能有新功能。

◆ 包裝可以讓孩子了解美感與行銷之間的關聯，學會讓好商品被看見。

◆ 可以讓孩子自己發想，生活中有哪些小物可以變身成商品包裝素材。

Lesson ⑪ 小農文學院

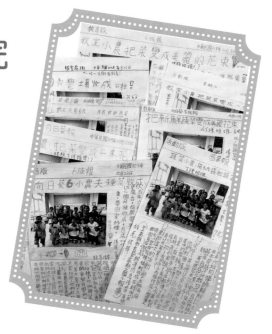

　　講到寫作，不只是學生的痛，更是家中媽媽或老師們的痛！但現實是殘酷的，寫作既然避不了就正面擁抱它吧！

　　教室小農有許多故事可以書寫記錄，透過小農文學院的開張，讓小二生不知不覺的接觸到心智圖，還能把課文變成自己的故事；小四孩子把一盤盤蛋炒飯化身成一張強大心智圖，再圖轉文成一篇令人食指大動的文章；小六這群大孩子透過第三人稱的客觀報導，寫出人生第一篇新聞報導；甚至孩子們為了尋找阿嬤的味道，親自採訪了家中長輩，透過對話訪談來了解屬於記憶中的滋味。

　　小農，不只種植看得見，也能透過文字紀錄，讓大家看見小農的文學神展開。

11-1 仿寫記敘文——我的蔬菜園

就這麼剛好帶了一班小二的小農，國語課就出現了〈我們的花生田〉，讀著課文內容，心想：不如來玩一下，把文中場景、人物與劇情通通改成教室小農應該很可以。

於是我決定在白板上偷偷置入心智圖，帶著全班以「一問一答」的方式，把課本的劇情偷偷置換成了教室小農，從課本主題〈我們的花生田〉改成「我們的蔬菜園」開始，按照劇情發展，把地點、時間、過程、原因、結果及心情通通用「提問再追問」神器來順時針畫一圈，變成教室小農的一步蔬果，因為是班上的活動，所以孩子是有感也容易回答的。

這一來一往的問答過程中已不知不覺的把課文讀完，文本鷹架也給搭建好在白板上了，部分關鍵點與心情期待，我刻意留了空白讓孩子自己來書寫，同時自由延伸發想，例如文本的最後一句「大小孩都期待著花生的美味」，我就問孩子：「那我們大家是期待著什麼呢？每個人可能不同，所以老師要把這個框框空白，每個人要寫出自己的期待。」講臺下面就是一陣七嘴八舌，及舉著手等你呼叫他的一堆渴望眼神。

接著我發下白紙讓孩子看著黑板的圖「仿照＋創作」寫畫出自己的圖文，同時填完空白處，最後每個孩子竟然都完成了自己的「心智圖」，大致相同但細看卻更有差異與創意，因為每個人「文轉圖」

後都加入了許多創意。

心智圖完成了，接著就是寫作登場，這時就要善用大屏帶著孩子進行改寫。因為是小二生也是第一次上這樣的課程，所以重點放在段落格式。我繼續重複一問一答，把文本內容一字一字轉成教室小農的故事打出來，例如文本的「一大早，里長叔叔就帶著大家一起去採花生。」這時我就會問：「他們是一大早，那我們呢？」全班就異口同聲說：「我們是跳繩運動完後呀！」然後不用等你追問，學生立馬接著說：「秋江老師帶全班一起去走廊農田採收蔬菜！」沒錯！這樣一句仿寫就完成了。

老師我耐心的這樣一問一答了二段後，並在格子內逐字打出來讓孩子看，確定每個孩子都完成正確格式段落及內容後，接著我跟全班說：「我們一起完成了二段，回家換你自問自答完成我們教室小農故事喔！當然你也可以發揮創意，自由發想或加入更多有關小農的劇情。」最後，我將每個孩子的心智圖和格子稿紙釘在一起，並再次叮嚀孩子，務必同時看著課本文字及自己的心智圖，來完成這一篇小農故事。

隔天看每個孩子交回來的仿寫文章，真的不枉費我花了好幾節課一字一字打，一句一句問答的漫長過程！雖然仍有極少數孩子無法正確書寫完成，但多數的孩子仿寫得很完整，要讓孩子發揮的心情與期待處，也都充滿各種不同的語詞與句子，「辛苦終於有了代價」這句話果真沒有騙人。

　　小二寫作難嗎？小二就畫心智圖會不會太早？其實就看老師怎麼換句話說及引導，讓孩子知道他們就是在寫自己的故事，就是在畫一張可愛有趣的圖，就對了！

教學提示機

◆ 如果課文沒出現而老師想教學，也可以找一篇雷同的文章來仿寫。

◆ 問答過程要清楚且掌握學生學習進度，切勿搶快，確保全班共同完成。

◆ 心智圖繪製與仿寫寫作，也可以視班級狀況分開來進行。

11-2 強大聯想心智圖——黃金蛋炒飯

　　美味的黃金蛋炒飯一樣來自中年級國語文本，課本出現這種吃的都特別吸引我！所以我們透過「文轉實」的方式，結合了小農蔬菜，真的把一盤盤蛋炒飯給上桌了。只是吃完後意猶未盡，總覺得是否應該把這美好活動給記錄下來，於是我們又來了一場「實轉圖」的心智圖，來喚起全班每位孩子的美味記憶，要把這場黃金蛋炒飯用心智圖來再次完整呈現它的美味。

　　我們一樣從主題開始發想，踴躍發表與討論後決定了主題是——「翻滾吧！蛋炒飯」，有了主題後，以順時針開始從原因、過程、結果及感想來切入聯想，每一個點都是師生一問一答下共同完成這蛋炒飯的記憶，過程中還善用了五個連接詞：首先、再來、接著、然後及最後，讓孩子可以有順序的回想並整合蛋炒飯製作的經過。

　　為了鋪成後面的終極寫作，更把炒飯的色香味都一一拿出來討論，有哪些形容詞可用在各種食材，有哪些成語可形容食物的色香味，又有哪些成語會用在過程動作及完食後的感想，這種通常只要搬出提問神器就能搞定，因為全班學生的集體思考絕對勝過老師一人。

　　果然，我只要不停的追問與提示，源源不絕的好詞、成語通通都出現了，過程中的手忙腳亂或七嘴八舌、看了令人垂涎三尺、陣陣香氣撲鼻而來讓人口水直流、食指大動的準備品嘗那Q彈的米飯與滑嫩的蛋，好多好多語詞填滿了整個心智圖。

我看著這一盤豐富的黃金蛋炒飯，心想是時候推出「寫作」了。我指著心智圖輕鬆的說：「各位，全班已經都把蛋炒飯下肚，也把這一場蛋炒飯的心智圖給畫出來了，等於鷹架都幫你搭建好，接下來就是你自己參考畫一遍再做自己的補充，相信回家後你絕對可以輕鬆完成一篇蛋炒飯的作文！」講完後我完全沒

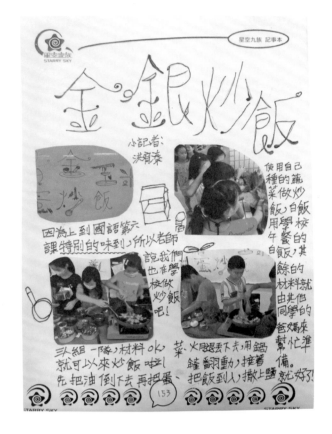

有給孩子討價還價的機會，因為他們的眼神告訴我：好像還滿好寫的。當然啦！所有的精華語詞與段落大綱，都盡在這張圖啦！

這個寫作，就是整個活動的第三部分。從一開始「文轉實」——課文變成料理；接著「實轉圖」——料理變身心智圖；最後就是「圖轉文」——心智圖化成文章，透過這三個過程，輕輕鬆鬆在活動中置入了語文課的心智圖創作與令多數孩子崩潰的寫作。

隔天回收的作文，果真沒有那種不知如何下筆修改的文章，寫作的基本架構都有了，差異就在大家的排列組合功力與額外延伸發想，這時我就不會想著「上輩子殺人放火，這輩子要批改作文」這句話。

　　下次上寫作課前，試著帶領全班一起完成心智圖，相信從此批改作文就算讓你上不了天堂，也絕不會如在地獄般痛苦了！

🍅 教學提示機

◆ 心智圖是很好用的一種教學架構圖，網路上有許多心智圖範例，老師教的是概念，學生學會後就可以各自運用發揮。

◆ 帶孩子寫作前務必要分享、討論，給孩子基本鷹架，才不會寫出自己都很難批改的文章！

◆ 寫作可以結合班級活動或課文延伸，會讓學生有更多材料可以變出一盤美味的文章料理，也能讓寫作過程更有感。

11-3 報導寫作應用文──教室小農收成了

　　教室小農在五代九年間上了許多新聞媒體，多數孩子也都練就一身看到記者能侃侃而談的能力。而這些新聞都是由外人來看教室小農，也許該帶著小農以客觀的第三者觀點來看自己一下，這樣或許就能更清楚也更了解自己。

　　高年級就得結合事實觀點來寫作，新聞報導的書寫算是應用文的一種，雖然每天新聞一堆，但能分辨真假新聞，甚至真正能寫出優質新聞並客觀描述事件還是需

要進行教學。我先從報紙的版面內容著手，這也是推動讀報的一環，帶孩子認識報眉、新聞標題、新聞內容、新聞圖片及圖片說明等，而這些也都是新聞寫作時要呈現的部分。

　　我以班上小農蔬菜收成製成蔬菜花束當作新聞事件，讓孩子有感的事件才能言之有物。新聞寫作有三個重點要呈現與教學：新聞標題、首段寫法及內文結語。我從新聞事件標題下手說明，就如同看一本書，我們會先看到書名封面，一則新聞的精準下標極為重要，要掌握精簡、吸睛原則須慢慢構思，一句主標就要能立刻抓住讀者目光，有些更會再加入副標補充。我跟孩子說：「這需要靈感，有時新聞內

容完成後再回來思考就好。」當然我也會舉幾個主標讓孩子參考，重點是讓他看標題猜猜新聞事件，會更了解標題的重要性。

　　接著進入寫作重頭戲，新聞寫作有一個很特殊的「倒金字塔」寫法，就是把重點在首段就全部呈現，讓忙碌的大家能在有限的時間瀏覽新聞重點，寫作手法就是採用大家熟悉的5W1H就能輕鬆完成首段，我只跟孩子說：「你就是要在首段運用高超技巧，讓每個人秒懂這則新聞就對了！」重點是不用寫太多，幾行就好，孩子通常聽到不用太多就一整個開心啦！

　　完成首段再來就是內文與結語，也就是新聞事件的補充詳說及未來行動力，首段沒詳細說到的細節，在這裡都可以補充說明，但要注意幾點，光一個用第三人稱來敘述，我覺得對孩子寫作來說就是一大挑戰，明明國語課都有教你我他的轉化，卻仍常搞亂！除此之外，還有客觀事實的描述、借用XX的說法表示及最後的再次重申等等，都可以是內文的素材。

　　講解完後我都覺得可以去當記者了，接著印出全班拿著蔬菜花束的照片給每個孩子，再外加一張空白紙，開始去當小記者吧！有教有差，有做有感！每個人的第一則新聞報導寫得有模有樣，從版

面設計、新聞下標、圖說、內文都令人驚艷，看到他們互相把同學當作採訪對象，來個XXX表示，就覺得太妙了！

　　從寫新聞報導開始教孩子分辨新聞真假，也滿好的，畢竟孩子懂得用客觀事實來報導的新聞，才是最有價值的，當然值得教學！以後如果這群人當中有人當了記者，請記住小六的時候，有這麼一位老師，認真教導你如何以公平客觀的角度來報導一則新聞，千萬不要製造假新聞來對不起社會呀！

🍅 教學提示機

◆ 新聞報導寫作結合了許多語文技巧，只要老師能整合這些，就能帶孩子寫出一篇好新聞。

◆ 有推動讀報的班級，也可以在最後讓孩子小試身手，試著完成新聞寫作。

◆ 更多的新聞寫作技巧可以上網參閱資料，但老師還是得自行消化後擷取重點教學。

◆ 新聞稿寫作可以先從「家族報」（班刊）的新聞事件報導開始練習，先寫短篇再慢慢獨立完成。

11-4 食譜說明文——小廚師的食譜

　　教室小農從蔬菜收成到變化出各式各樣的料理，永遠是一趟驚喜的旅程，無論生吃、川燙、涼拌到各種煮法，最後的料理總是讓孩子垂涎三尺！

　　既然都料理了也吃了，不帶著孩子一起把美味記錄下來真是太對不起大家了，雖然這些簡易料理的食譜都已直接公開讓大家一起嘗鮮試作，但畢竟不是孩子自己的食譜，於是我利用製作涼拌小黃瓜後大家吃得津津有味之際，腦中還保存著那美好的酸甜味道時，順勢帶著全班一同把這美味一步步記錄下來。

　　我先帶著全班一起回想製作小黃瓜過程的每個步驟與細節，這時就有可愛的小六生問：「老師，那剪下小黃瓜算不算？」當這個問題一出來，接著洗洗小黃瓜、切切小黃瓜這類通通都算在內了。除了這些前置作業，接著就是進入料理階段的步驟，從加鹽、搓揉、擠出水分，然後加入各式調味、試味道到完工進入冰箱冰鎮，每個步驟通通都不放過，一一記錄在黑板上。

　　我再帶全班思考：「這麼多細節，有哪些是可以整併成一個步驟的？我們把步驟整併成五個就好吧！」指令一出又是一陣七嘴八舌的討論場面，老師腦袋必須保持極度清晰，好在這些對話中整合出大家的意見與想法，然後集全班力量完成了五個步驟。

　　但別忘了這只是示範與參考解答，目標是讓每個孩子自己去重新

刪減整併每一個步驟，最後將「涼拌小黃瓜」製作過程整理成五個。至於為何是五個而不是六個、七個或N個？除了讓學生練習將相似細節作整合或是刪減一些不重要的細節外，也將置入「善用連接詞」的教學——把「首先、接著、再來、然後、最後」放入每一個步驟前面，讓食譜閱讀起來更為順暢，最後小學生的料理食譜就算大功告成，再加個「文轉圖」的圖說，這篇食譜說明文就更完整且厲害了。

小農寫作範例 涼拌小黃瓜

製作流程：

1. 首先我們先將小黃瓜採收，將它洗乾淨。
2. 接著我們把小黃瓜切成0.5公分厚，切完加入少許鹽巴，讓它脫水。
3. 再輕輕的揉一揉，讓它把水分擠出來。
4. 然後加糖（跟鹽1：1）、大蒜跟檸檬汁，把它一拌，拌完就可以試味道。（不可以蓋過小黃瓜！）
5. 最後冰起來，隔天就可以加菜！

注意事項：

★ 調味料可依個人喜好！
★ 記得切去頭尾喔！

看著每一個孩子的食譜雖大同但其中仍有小異，畢竟整個過程都一起製作，90%步驟一樣是當然的，但從每個人的小異中就可以看出寫作功力，有些人的食譜讀起來順暢如流水，讓人忍不住動手跟著

再做一遍；有些人的文字卻有著卡關過不去之感，但依照這步驟應該還是可以完成一道料理。

　　寫作其實不難，結合學生的生活經驗，有系統的提問與引導並善用一些寫作策略，孩子都能完成一篇食譜說明文，甚至還能將這技巧轉化到其他說明書的寫作上。因此，下次有機會千萬要把握，在料理完後也帶著孩子一起完成一篇「小學生的食譜」。

🍎 教學提示機

◆ 食譜說明文寫作以簡單的料理來寫就好，避免選擇複雜步驟的料理。

◆ 教學前也可以先上網搜尋一些食譜讓孩子參考，了解食譜寫作的基本架構。

◆ 如果班上沒有這類活動，也可以讓孩子回家與家人完成一道簡單料理後來寫作，最後還能將全班的食譜彙集成一本食譜書傳閱喔。

家族報圖文故事集──小農活動記

記得實習的時候，就帶著學生發行過家族報及家族紀念冊，這樣一路走來也玩了二十幾年，讓孩子透過文字圖說來報導班級活動，不管是一年級還是六年級，都能輕鬆搞定。

教室小農當然是一件值得記錄的班級活動，從鋤草、種植、施肥、澆水開始，接著開花、結果、豐收到料理，甚至行銷義賣等任何一個階段，我都會聘請小記者們來篇圖文報導。

其實老師要做的很簡單，只要把照片印出來，讓孩子看圖說故事就可以了，不管哪個年段寫作都是依循「起因、經過與結果」三步驟來書寫，這些在國語課中都有完整教學，老師就不用客氣的直接拿來用，讓學生透過當小記者來展現學習成果根本是一魚二吃，再加入精準下標的訓練就能更完整掌握文字，一篇篇小農活動就這樣產出。

除了家族報，家族紀念冊的工程又更浩大了，一個活動從版面設計、主題設計到內容書寫、插圖繪畫通通都要學生來完成，這也是需要老師引導與教學後才能放手

讓孩子做。相比之下，輸出照片讓孩子看著照片有感而發來寫出故事就相對簡單，孩子的完成度也會提高許多。

　　還有一種是多數老師會玩的就是——「心情與感想」，一個活動結束後，最常要孩子寫出感想，但要真有感而發又不會讓你改到腦中風的感想，是需要教學與引導的，否則只會看到一堆很好、很棒、很好玩，或是學到新知識、得到新體驗等千篇一律想退件的答案。

　　其實感想的面向很多，從活動內容、過程、精采之處、印象深刻、第一次經驗、心情感受或體驗體悟等，都可以是自己的感想來源，要孩子寫出有感而發的感想，得要讓他們知道去哪裡找素材，相

信就能寫出讓你龍心大悅想貼文分享的感想。

　　寫作需要練習，看著照片寫出自己班級教學活動是一個一魚多吃的方法，而圖文呈現也是現在網路流行的趨勢，一張照片說出動人故事，往往能吸引眾人目光。下次班級活動結束後，記得讓孩子順便練練筆功，不管是寫心情感想，還是活動紀錄、家族報分享，都是短篇寫作的素養展現！

🍅 教學提示機

◆ 家族報要讓全班孩子都有機會擔任小記者，而非只選寫作力強的孩子。

◆ 事前引導與教學絕對會對孩子書寫的內容有所助益，寧可事前花時間也不要事後一直退貨重寫。

◆ 這寫作適合任一年段，只是內容深淺差異各有不同。

故事採訪記──
阿嬤的餐桌記憶

　　有人說：「一個族群文化的縮影，不在國家的博物館裡，應該在街頭的小吃攤，更在家裡的廚房。」這句話有其真實意義，當每個人繁忙奔走於工作，為求一身安頓，家庭成員溫飽，少則單身飽全家飽，多則維持數十人大家庭，食指浩瀚，張羅不易，尤其是臺灣早期生活困窘，先民胼手胝足，或許移民，或許拔根而起，生活艱辛，為了餵飽家人的營養，食材就地取材、自培自足、醃漬久藏、物盡其用……升斗小民，蹲在路邊小吃攤販即可飽食，或者三餐只在自家廚房備餐節省開銷。這裡面，看得到人民生活的點滴縮影，也看到老一輩長者在掙扎求生過程裡的生命軌跡，在每一餐的餐盤裡，有著延續生命的喜悅、家庭成員的情愫、族群的儀典，更對未來有無限的希望。

　　既然餐桌上、食材間，有這麼多動人的故事，不把它挖掘出來實在可惜，在臺灣這座島嶼上，每一個家庭、目前的每一位長者，和食物之間，一定都有著許多掙扎向上的動人故事可以聽，我們期待

著，透過小農種植和植物採集，可以搭建起和家中長輩的獨特連結記憶，因此，發起孩子們和家中長輩一起進行蔬果種植、採集野菜、烹飪、醃漬等活動，在這些歷程裡，和長輩對談這些食物對於自己的特殊意義，甚至能導引出感人的家族生命故事。

阿嬤採的龍葵（烏甜仔菜）

阿嬤會特別在三月初春到五月梅雨季之間，龍葵生長旺盛的季節，帶著塑膠袋和剪刀，到田野雜樹草叢間，採集她口中上天賜予的免費美味，大約30至100公分的高度，互生卵形的葉片葉緣帶有波浪狀齒緣，開著小白花，最大的特徵是綠色、圓形，成熟時轉黑色的球形漿果，很容易辨識，偶爾，菜市場也有人販售，這是很常見的野菜，但因為龍葵鹼有毒素，只取葉片和莖部，且必須經由熱水川燙瀝掉這些水分才能食用。

阿嬤說早期生活困苦，撿拾烏甜仔菜（龍葵）來吃，或者小孩子跌倒受傷，取葉子磨碎搗汁，塗抹在傷口上就可以消腫，是上天免費的恩賜。無論是用烏甜仔菜葉來煎蛋、和著煮蛋花湯，更可以炒一些薑絲、肉片等，加到白米裡熬煮成粥，就是最令人感到鄉愁滿滿的烏甜仔菜粥了，吃上一碗，阿嬤會說上許多以前的奮鬥故事，偶爾，還會看到阿嬤的眼角泛著淚滴。

阿嬤醃的高麗菜乾

有一年，小農計畫種了一畝高麗菜，收成時，孩子們很開心，因為，碩大的高麗菜感覺很有成就感，但是短時間要消化掉如此大的產量，實在有點困難，這時候，有人提議請出阿嬤來教大家做高麗菜乾，這真是一個絕佳的計畫，就連許多媽媽們由於常住都會區，也沒有這樣的經驗。

阿嬤說早期生活不好，能節省度日、不浪費食材甚至再利用，是最基本的生活要求，因此，多餘的蔬果都會醃漬起來備用，久而久之，發展出許多好吃的菜色，這其中，高麗菜乾即是一個既平凡又不簡單的菜餚。

阿嬤教大家小心切開高麗菜，保留每一片菜葉的完整性，鋪在大毛巾上曝晒太陽，葉片軟化後，小心撕開成條狀，均勻撒上鹽巴，用手輕輕揉抓，再包上塑膠袋，透過擠壓瀝掉水分；隔天起平鋪在乾淨的網子或篩盤上，曝晒陽光，每二小時按摩翻揉菜葉保持彈性，千萬不可以碰到水分或油脂，這樣的曝晒大約2至3天即可完成；接下來包起來冰在冰箱保存，要用時，取出適量，一道道的高麗菜乾料理就可陸續登場。菜乾帶著鹹味，伴隨酸酸甜甜的滋味，這早期先民以鹹漬抗腐儲糧養家的勤儉美德，在校園再次復活。

如果說小農教育是培養孩子對於農業、環境永續的深度關懷，

我覺得更動人的地方是可以發展成為家族情感的療癒處方，先民的生活與農業息息相關，每一縷陽光、每一寸土地、每一絲雨水，都緊緊牽連族群生命的興衰，透過食物的對話，真誠導引出世代之間的懇切情誼，這個畫面，美極了！

🍎 教學提示機

◆ 與家族有關的種植探討計畫必須透過事先縝密的規劃，設定好種植種類，例如高麗菜，提早調查與邀請長者協助，才容易成功。

◆ 自然環境中，許多野菜的採集須特別留意可能有天然毒性，辨識上可能會混淆，導致危險發生，必須特別謹慎，請專家協助為上策，目前許多超市也有人工栽種的野菜販售，或者自行種植，都是可行的代替方法。

Lesson 12 小農公益站

　　企業有企業的社會責任，教室小農除了食農各種活動與教育外，我們觸角也向外延伸到社會公益面，透過全班一起種植的各種蔬果及自製蜜漬番茄，再以義賣方式來獲取所得，並將這些所得以捐助方式來回饋社會，不但利己還要利他，最後到社會公益。

　　這樣的延伸讓孩子知道，就算只是小學生，懂得善用自己的能力，一顆小小種子從教室發芽，也能在社會開出巨大的力量！

12.1 限量玉米準點開搶

　　限量總是殘酷的！尤其許多人看到限量二個字就衝呀排啊，完全沒在管是否實用，商人行銷果真還是看準人心，其實說穿了，你也知道許多限量都是拿來欺騙消費者的。

　　不過呢！教室小農的玉米限量競標就不是為了行銷，更不是拿來騙人，完完全全就是因為真的只有那一點點可以拿出來義賣。想一想也知道，我們一次也才不過種個二、三十株，這還是最高數

量，如果每一株都成功收成也就這麼點量，要先餵食嗷嗷待哺的小農們，你說還能剩幾根玉米拿來賣？

其實種植本來就是要大家一起品嘗，不管是變身任何料理，教室小農都會採共享方式，只是家長「視吃」久了也會想親口品嘗一下，因此被敲碗後，全班決定拿出十根玉米採「限量義賣方式」來賣，還一起討論一根玉米的義賣定價，七嘴八舌後終於搞定，那就50元以上吧。孩子們分工把玉米包裝好，再別上品牌LOGO標章，代表著教室小農出品，最後義賣平臺就設在班上的FB親子平臺，照片拍好一鍵上傳，限量玉米義賣競標開始啦！

永遠記得第一個搶標的媽媽就留言「100元」，當天下午十根玉米就在一堆數字中競標結束，有點出乎我意料之外的快速，我趕緊結標留言無法再販售。接著我趁放學前請孩子依照競標順序，自己來挑選玉米帶回家給得標的爸媽，得標的孩子個個開心的挑選著玉米，教室小農第一次的限量競標就這樣快速收攤。

沒能挑選的小孩還跑來問：「老師，我媽媽沒有競標到嗎？」孩子，老師也遺憾呀！更有晚上才看到競標活動的家長扼腕表

示：「老師，我晚上才能看FB……，下次可以提早預告嗎？」果真限量是殘酷的，不但小孩傷心大人也惋惜呀！隔天得標家庭都將費用帶來，全班一起數著義賣所得，哇！竟然有1150元！最後更一起討論，要將這筆所得捐到哪個社福團體。

有了這次成功的限量義賣，後來幾代小農收成的番茄、茄子或蔬菜花束，我們也都採用限量競標方式來義賣，甚至還開放給班級家長之外的敲碗者一起加入義賣行列。

還記得有次聖誕節，我們將大概20顆小番茄用資料袋包裝好再套上聖誕節風的杯套，一組一百元且限量三組，瞬間完售，得標者還都以高於定價方式購買，就是要一起做公益，老師我當然也來個大放送，買番茄加送茄子蔬菜來感謝他們的慷慨解囊。

這樣的活動一來是想跟大家分享教室小農出品的優質蔬果，二來也讓孩子知道教室小農的限量不是本意，但因限量義賣而引發的熱情贊助與搶購也的確始料未及！只能說「限量」一出，賣出保證！

🍅 **教學提示機**

◆ 義賣只是手段，拉近親師生距離，讓家長參加班級活動才是最終目的。

◆ 班級活動可以預告，讓想參與的家庭可以提早準備，才能讓活動更成功。

◆ 帶著全班一起討論義賣所得捐助對象，也是一種社會關懷學習。

12-2 梅漬番茄競標義賣，得標者是……

有了番茄義賣成功的經驗，心中想著如果推出番茄商品——「梅漬番茄」是否會更吸睛？畢竟之前小農也成功製作過，對於小農的手藝與成品口感，我可是願意掛雙保證的。尤其製作的小農也從中年級變成高年級了，應該更易上手才是。於是我開始募集了一堆玻璃罐、梅子、蜂蜜等等，用我們大豐收的番茄，帶著這群高年級少男少女重新完美的詮釋出新一代的「梅漬番茄」六罐，有了上次經驗，這次果真快狠準。

接著我們討論好拿出其中三罐來上網義賣做公益，義賣上架前當然要商品攝影誘人才行，一堆人更搶著入鏡：「要讓大家知道是我們做的梅漬番茄呀！」全班還熱切的討論著努力製作的三瓶到底會義賣多少。這次我選擇在自己的FB公開競標義賣，說明食材來源、商品製作過程、競標方式及義賣所得用途等等資訊，結果一上架不到幾分鐘就出現第一位競標者，是一位過去的家長，一開價就是500元，還留言表示這完全是衝著支持小農做公益的價格。

我立馬告知班上孩子這令人振奮的消息，全班都驚呼不可置信，但它真實發生了。接著連校長也支持的上網競標，不同的數字一直出現在留言區，我想大家都能感受到小農熱心公益的心，也想透過競標一起支持小農的夢想吧！

最後，您猜猜，三罐梅漬番茄以多少結標？競標最高的三位分

別是500元、700元及1000元，也就是小農們自製的梅漬番茄義賣了2200元，很不可思議的數字卻真實發生了，更巧的是這三位最後得標者都是過去小農的家長，因為了解、認同，所以一路支持挺到底的概念。

當把商品送到得標者手上時，有一股莫名的感動！最後全班提出幾個社福團體來討論，決定以「小孩幫助小孩」的原則選了二個兒福團體來贊助。孩子自己把錢裝入袋中並寫上捐助單位，搭著學校聖誕感恩活動，他們親手把善款捐出。活動當天小農女們更包著幾束蔬菜花束到現場，送給活動中熱心公益捐款的大人們，用一束蔬菜花來感謝這些人的公益心。

後來全班討論這件事情時，小男生更異想天開：「老師，我們以後都來賣梅漬番茄好了，然後賺錢全班吃大餐！」哈囉！這位小

朋友，自己憑本事賺錢當然是好事，但這次能獲得這麼高的售價，得標者可全是看在支持「小農公益」的面子上，好嗎？請務必認清事實真相！這時再看看女生們的表情，都一臉淡定的看著那群天真的男生……。

🍅 **教學提示機**

◆ 帶全班做公益是需要先引導的，孩子也才會樂於參與討論。

◆ 公益義賣所得讓全班共同討論，孩子才有感也才有得。

◆ 如果怕沒人競標，老師可以偷偷安排一下椿腳，這樣也有拋磚引玉之效。

123 一袋50元，鮮拔先贏

　　大家應該都有去果園採果的經驗吧！自己採自己喜歡的蔬果，舉凡番茄、草莓或是蘿蔔都是較多人體驗過的採集樂；國外更有採櫻桃，園內讓你免費吃到飽都無所謂，只有帶出場的要秤斤論兩買下。不管哪一種方式，都是讓大家體驗「採收樂趣」兼買到自己喜愛的蔬果。

　　這樣的親自採收體驗，在一次學年舉辦的跳蚤市場就被我想起，想說如果能結合走廊外面的各種蔬菜，讓來參加跳蚤市場挖寶的大人們，也可以像進果園一樣走到我們的教室農田，親自挑選看上眼的蔬菜，接著自己拔起自己裝袋，那種感覺一定很特別。

　　有了這樣的構想，我立馬在學年群組發起「鮮採蔬菜義賣活動」，很開心受到學年姐姐妹妹們的共襄盛舉，大家都願意將教室走廊的蔬菜加入義賣行列。於是，我開始構思整個義賣流程與方式，以一個紙袋義賣50元，買家拿到紙袋後可以在走廊的任何一片農田，採收任何一款自己喜歡的蔬菜，也就是可以混搭！一直到袋子裝好裝滿蔬菜為止。

　　至於紙袋，因為想要公益兼環保，我想起了連鎖速食店的外帶紙袋，於是我鼓起勇氣去跟鄰近店家說明這個活動，也意外獲得支持並贊助了100個紙袋，拿著那100個紙袋，禮重情義更重！心裡更想著：一袋50元，那100個袋子都賣出的話不就……，整個心情頓時都飛起來啦！

有了活動辦法，有了紙袋，我們開始從日期著手，從跳蚤市場活動日往前推一個月要開始種植新蔬菜，參與的班級也都各自選購蔬菜種類，一切一切都在計畫中進行著……只是，計畫永遠趕不上變化，突然其來的疫情讓跳蚤市場活動喊卡，只限校內學生自己玩，沒了目標客群，這個蔬菜鮮採活動也在大家的決議下終止了。雖然沒了這樣體驗活動，各班的跳蚤市場義賣所得還是不少，而且都部分或全部捐作公益。

現在，那些紙袋還靜靜的躺在櫃子內，期待有一天這個「鮮採蔬菜義賣活動」可以再次重啟。如果是你，願意花多少錢買一個紙袋來體驗「蔬菜鮮拔公益樂」呢？

🍅 教學提示機

◆ 學年一起活動需要有熱情發起人，更要有共識，活動才容易成功。

◆ 蔬菜義賣的方式很多，但可以顛覆過去經驗與方法，或許會讓義賣變得更有趣。

◆ 礙於連鎖速食店的考量，就不在此公布名稱，但感謝永放心中。

12-4 一顆種子也能做公益

從沒想過，教室小農用一顆小小種子也能完成大大公益！

九年前的第一代小農是從「玩」開始，嘗鮮好奇是動機，**翻轉**萬年植栽也是動機，師生都是從零經驗開始，可說是邊種邊玩邊學習。第一次豐收，師生開心的在教室煮著玉米、空心菜、花椰菜，永遠記得每個人分到的那幾顆玉米粒及一小搓蔬菜，但大家吃得超開心，因為第一次種植就能收成，那是全班成就感的唯一來源。

接著收成次數多了，產量也增加了，除了小農品嘗外也開始讓家長來嘗鮮，一起享用一步蔬果的美味，最後讓家長在家族親子團中競標玉米，然後將所得捐出，這算是小農踏進公益的第一步，看著孩子開心的討論著一千多元該捐到哪？也成了全班成就感的來源之一。有了這第一步，接著每一代小農都輕鬆的踏上公益之路，任何收成的蔬果都成了小農義賣的食物，也通通變成了公益共好的資源。

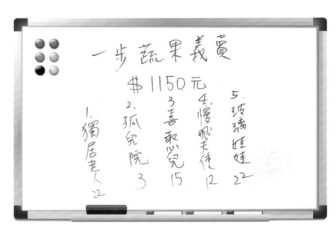

每一代小農都有自己的想法，低年級有低年級的天真與單純，一千多元對他們來說是天文數字的多，而且種種蔬菜就能幫助別人是一件多

不可思議的事情啊；中高年級有中高年級的務實與思維，一、二千元不算多的金額該如何發揮最大效益，幫助到真正需要幫助的人，而這些捐助活動更成了小農成就感的重要來源。

其實不要說小農，食農活動一路發展到公益共好也是我始料未及的事，但最後卻一路走到了公益站，我跟每一代的小農都會這樣說：「覺不覺得種蔬菜就能幫助別人是一件很酷的事情，所以誰說小學生不能做公益？你們都是利用一顆種子就能賺到錢來幫助社會，真是太神奇了！」我想，這也是讓我持續帶都市小農的成就感來源。

如果，一顆小種子都能有大公益，那世上還有什麼不可能；
如果，一個小學生都能有大作為，那大人們的夢想又在哪？
歡迎進入都市小農一步蔬果的世界，驚喜與夢想正等你創造！
你會驚訝，食農何止是食農，
它，根本就是個神奇雜學力！

最夯校慶伴手禮——
高價收購小農蔬菜

　　校慶運動會快到了，每年這個時候都是展現敦親睦鄰、行銷學校特色的好時機，當天有許多外賓、家長、長官等蒞臨學校，共同關心學校的發展現況，為孩子精采的場上活動加油鼓勵；學校同時也會辦理許多周邊活動，例如展覽、教學發表、設攤、場邊遊戲、剪綵開幕等。為了感謝貴客的到來，校方通常會贈送伴手禮，內容大致上會有典禮程序表、出版品、飲水或點心，還有特色禮物，精緻與價值則視學校所籌募的資源而定。

　　說起特色伴手禮選擇，每年都是學校校長有些傷神的事情，贈品公司會積極提出各種產品以供選擇，通常有服飾、杯子、文具、提袋、生活用品、流行文化物件、資訊用品等，客製化也是一個重點，運用裱貼、印刷或雷射雕刻等加上學校或贊助者名稱，如此一來就成為了年度的伴手禮。但是，時常碰到同樣的問題，很多來賓或長官跑遍許多學校，得到的伴手禮總是重複，不然就是囿於經費質感不

小農伴手禮，了解一下！

佳，可能也不是自己用得上的東西，許多東西擺在家裡久而久之就成為等待跳蚤市場時「出清」的物品。

今年，學校的教室小農提供了一個絕佳的選擇，那就是贈送自家生產的「農作物」。試想，有什麼伴手禮比得上孩子親手用心栽培，有機無毒，促進健康，展現教育特色與永續性的禮物更令人印象深刻的，這絕對不會成為下次舉辦跳蚤市場時要出清的累贅物品。

在校慶前，我們發起「農產品契作」的活動，籌募了經費（其實是把傳統購買贈品的經費轉個方向），聲明採購各班級當季成熟的小農物產，以一份50元的價格收購，各班級小農們自行衡量成本分量，在校慶前一天，集中「賣」到行政或志工辦公室，進行包裝作業。

▲高雄市新上國小食農教育紀念明信片

消息一出，各班級興奮的動了起來，有老師和全班孩子策劃販售數量，還有獲得報酬後的班級理財教育；有老師尊重班上孩子的個別選擇，採取分組或個人獨自販售個別妥善運用獲利。提升賣相獲利相對會增加，亦可自行設計廣告，藉此激發孩子們的積極與創意；有的班級導師基於全校互信共好，和孩子討論後，慷慨應允任意秤重良心販售；甚至有老師將自己種植的甘蔗及薄荷直接無價收購的大放送。孩子們知道這份農產是贈送給貴賓的，更加努力清洗整理蔬果外表……這些都是實際發生的班級小故事，一份班級蔬果，擴大成為串聯全校情感的教育活動。

為了使這份伴手禮更加精緻，將農產品依照形狀大小，選擇合適的包裝，葉菜裝入透明晶亮的包裝袋，長條小黃瓜、青龍椒、番茄及香草植物選擇了透明長筒，巨大的蘿蔔則套入麻繩網袋，細長的青蔥或韭菜則綁上彩繩增添趣味。小農們更親手彩繪書寫小卡片，聲明這是自己細心栽培的作物，感謝獲得這份禮物的朋友蒞臨學校，更錄製栽種歷程影片與生長紀錄，提供QRCode掃描閱讀。為

此，我們更發行了學校食農教育的紀念明信片——「都市裡的新神農小學」，連同農產品、校園刊物、飲用水、小點心等，置入提袋，就成了一份匠心獨具的伴手禮囉！

　　校園小農的理念需要行銷，更需要與時俱進提升美感踏上時尚舞臺，孩子們精心栽培的農產品被重視，故事被發掘，食農教育就不會停留在種和吃的層面，而是代表了一所學校認真思考教育核心價值的理念，這形塑出來的精緻文化，會是滋潤優秀下一代和這塊土地的重要養分。

🍅 教學提示機

◆ 契作小農產品，需要提早規劃與發布訊息，讓班級老師協助準備與構想，善加記錄歷程，同時也可以讓小農計算校慶日期，屆時依農作物生長的速度種植，可以提供更多元且完美的產品。

◆ 農產伴手禮的創意可以不斷推陳出新，甚至附上食材的各式料理建議，更加迷人。

◆ 收購價格可以高於一般市面價，除了蔬菜本身的價值外，也包含鼓勵性質，讓學生了解自己種的蔬菜，不但有經濟價值更能當上學校伴手禮。

第四章

小農補給站：
從農作知識SDGs一路掃碼
到食農狂想曲

你想確認的各類植物知識、你想知道的最夯食農教育、你想目睹教室小農的精采片段，這裡通通都加值服務一次到位。

另外，如何在日常生活中實踐SDGs，簡單的十件事就能讓你輕鬆當個的實踐家，如果你也是老師，記得將課程搭配最新的食農教育法一起玩教學，更獨家提供了讓農友可以無限狂想的食農狂點子，最後再來場植物冷知識的快問快答。相信這些都會是值得你挑選的小農神隊友。

Point 1 小農知識庫──單一窗口滿足你的需求

「行政院農業委員會」是負責管理臺灣農業大小事的部門，當然也是個知識大寶庫，不要因為是官方就遠離它，相反的，這個網站實在令人驚豔！上到各種政策、法令、計畫，下到各類科技、休閒與生活、主題網站，甚至農業故事館通通一次打包給你，只有你不想找，沒有你找不到的知識與訊息。

而在這麼豐富的網頁內，下方有一個「主題網站」最吸睛，也是小農挖寶的好所在，如果你跟我一樣是個教室小農或都市小農，有幾個主題絕對要推薦給你：

農業知識入口網

可以讓你找到許多種植相關知識，遇到問題直接搜尋就能找到解方，不但有達人專家為你解惑，甚至有圖鑑讓你參考，官方提供的知識，絕對可以在你種植過程中成為你的神隊友。

食農教育資訊整合平臺

這個平臺就是直接跟你說，如果你正在學校做食農教育，就進來逛逛吧！不管你是哪個縣市都可以從「臺灣農場地圖」中找到各縣市的特色農產，隨便一樣農產品點去，從產地、生產方式、營養成分、挑選保存、加工料理到飲食文化及農學趣，一條龍知識全部呈現，是不是超貼心呢！

不但如此，這個平臺還有「教學資源」區，教案、教材、知識一次全部下載，讓你在教室玩上幾年都可以，甚至還貼心幫你分好類別，要生產安全有生產安全、想飲食健康就來飲食健康，就算要了解飲食文化都能深入探討，看到這裡，是不是很想點開網站逛一逛了！

農業虛擬博物館

一進到裡面就是一堆影片，就像進到影音平臺，還貼心把你分好影片長度或熱門排行榜，讓你搭配教學暢行無阻。除了強大影音庫外，還有電子書讓大家直接線上閱讀，就真的是博物館概念。

田邊好幫手

　　這就是一種一看到就想點進去瞧瞧的主題，果真裡面藏著厲害的資訊，點進「作物查詢」，通通幫你分類好蔬菜、水果、花卉或稻米，蔬菜下方繼續分類，根莖、葉菜、花菜，或是有人超愛的菇菇類，通通都有，不怕你來搜尋，就怕你不知道要找的蔬菜是屬於哪一類而已！那也沒關係，用蔬菜外觀或基本常識去猜猜看就大概都能猜中了。

　　進到單一蔬菜就更猛了，包含品種、疫情、病蟲害防治等等上百條資訊讓你參考，全國各地達人經驗與知識都彙整在此了。

　　當然了，上面介紹的只是網站的極少內容，更多驚人的農業相關大小知識都藏在這個官方網站內，如果你不想花太多時間搜尋神隊友，這一個網站，就能滿足你全部食農教育的需求了。

　　行政院農業委員會網址：

https://www.coa.gov.tw/

Point 2 小農與SDGs的距離——沒有你想像中的遠！

SDGs（Sustainable Development Goals）是近幾年超級夯的議題，它是聯合國在2015年提出的「2030永續發展目標」，包含17項核心目標，其中又涵蓋169項具體目標、232項指標。

永續發展目標與我們社會生活緊密扣連，17項核心目標中，可大致分為三大類：「人」、「經濟」、「環境與生態」，藉此引導政府、企業、民眾，透過每次的行動與決策，一起努力達到永續發展的可能，也就是讓後代子孫能繼續享有地球資源與自然環境的美好呀！

🫑 教室小農在食農教育中也實踐SDGs四項重要目標：

SDGs 2 終結飢餓：消除飢餓，達成糧食安全，改善營養，促進永續農業。

SDGs 4 優質教育：確保包容性和公平的優質教育，為全民提供終身學習機會。

SDGs 6 淨水與衛生：為所有人提供永續清潔的水資源和衛生管理系統。

SDGs 12 責任消費與生產：促進綠色經濟，確保永續消費及生產模式。

親師生一路從種植當季蔬果的選擇、清洗牛奶瓶的水或以過期牛奶來施肥開始，挖取水道有效灌溉以減少水資源浪費、環保紙袋包裝變身蔬菜花束將垃圾變黃金、與自然生態和平共處不破壞的永續做法等。收成時醜食物一樣新鮮美味、與家人各班分享

收成的蔬果、收成後全班共享大自然給予的豐盛食物、利用最簡單的料理方式來呈現最自然的味道，最後一路走到透過美感包裝提高農產經濟價值、網路義賣蔬果捐款弱勢團體……，教室小農將學習延伸到戶外，也走在SDGs的永續路上。

除了小農日常外，在生活日常中，我們也可以力行SDGs，當個SDGs實踐家，養成習慣並影響他人。

🫑 生活日常十件事的實踐力

1.選購自己需要的食物，並全部吃光光，做到「食物不浪費」。

2.選購品質仍OK的醜蔬果或即期食物，不因為外觀不佳而被放置一旁，導致最後被丟棄。

3.選購當季盛產、在地種植的蔬果，或直接向小農訂購，提高小農的收入。

4.將品質良好但自己不需要的食物即時與他人分享,避免浪費。

5.可將零用錢捐助社會弱勢團體,幫助三餐不繼的人。

6.日常物品都能思考如何環保再利用,多次利用後再選擇丟棄。

7.購物時養成攜帶環保袋習慣,同時鼓勵家人一起養成習慣。

8.使用環保餐具及環保杯,並邀周遭親朋好友一起加入。

9.日常生活節約水電,有效使用自然資源。

10.做好環保回收,不隨意丟棄物品或垃圾,破壞自然生態。

SDGs指標參考

◆ 行政院國家永續發展委員會,針對SDGs 12的推廣:
https://ncsd.ndc.gov.tw/Fore/SDG12

◆ 環境資訊中心資料:
https://e-info.org.tw/node/115743

◆ SDGs相關介紹網站:
https://futurecity.cw.com.tw/article/1867

食農教育法強勢登場──
認識它、讀懂它,再愛上它!

Point 3

「食農教育法」在2022年通過了!食農教育可說是農業發展的根基,更是認識食物、農業、土地與環境的第一步。此法通過代表未來國家將全力支持在地農產,作為一個九年的教室小農,真的要灑花轉圈圈了。

「食農教育」六大目標與SDGs有著共同的意涵與精神,包括支持認同在地農業、培養均衡飲食觀念、珍惜食物減少浪費、傳承與創新飲食文化、深化飲食連結農地及地產地消永續農業。

▲這是白茄子喔!

🫑 了解專有名詞,實踐更有力量

◆ 食農教育:指運用教育方法,培育國民瞭解國民基本農業生產、農產加工、友善環境、友善生產育養及畜牧、動物福利、食物選擇、餐飲製備知能及實踐、剩食處理,增進飲食、環境與農業連結,促使國民重視自身健康與農漁村、農業及環境之永續發展,並採取行動之教育過程。就是要靠「教育」就對了!

◆ 地產地消:指優先消費當地當令生產之農產品。所以,選擇「在地ㄟ」雄青!

◆ 飲食文化：指各地區各族群對飲食方面之技術、習慣、禮儀及儀式活動，包括食材之選擇、獲得、調理、處理、保存及食物取用方式等。這吃的可真講究呀！

◆ 食農素養：指為使國民在充分食農相關知識及資訊支持下，選擇合乎個人需求，並有助農業及食安環境永續發展之國民素養。不能再只顧自己愛吃而已喔！

◆ 食農教育專業人員：指從事食農教育相關之教學、推廣、服務或諮詢之人員。這不就是指學校老師很重要嗎！

◆ 食農教育體系：為推動食農教育至個人、家庭及社會，以學校、社區、各類團體及政府各級機關（單位）等，共同推動食農教育所擬具系統化之各項措施。這裡直接跟你說「學校」動起來吧！

🎃 不可不知的食農教育法

「食農教育法」在2022年5月公布，全文有20條，只要上全國法規資料庫既能輕鬆搜尋到，雖然如此，還是得對跟教育現場息息相關的條文有一些了解喔！

必知！食農法制定目的——第1條

為推動全民食農教育，強化飲食、環境與農業之連結，以增進國民健康，傳承與發揚飲食及農業文化，促進農漁村、農業及環境之永續發展，健全國家食農教育體系及人才培育，特制定本法。

必懂！食農教育推動方針──第4條

　　了解方向才能精準設計教學活動，讓學習能命中靶心！

　　◆ 支持認同在地農業：發展食農教育體系，推動全民食農教育運動，強化國民對於我國農業及農產品之認同、信賴及支持。

　　◆ 培養均衡飲食觀念：培養國民食農素養，建立均衡飲食消費觀念及習慣，落實健康、符合生態永續的飲食生活，增進國民健康。

　　◆ 珍惜食物減少浪費：實踐在地農產品消費、減少食物浪費、食材減量及減少剩食；並確保食品安全、糧食安全，促進農地、農業用水與其他資源合理及循環利用，致力於國民穩定取得糧食。

◆ 傳承與創新飲食文化：鼓勵在地飲食文化的傳承與創新，創造生產者與消費者交流環境，促使國民理解在地飲食文化、農漁村特色及農業文化、維護農漁村永續發展，推行健康、符合生態永續的飲食生活。

◆ 深化飲食連結農業：鼓勵國民參與農林漁牧業生產至飲食消費過程之各種食農教育活動，瞭解農業生產方法、農業科技與研發、農業知識、農業生態環境、友善生產育養及畜牧等農法基本知識，及慣行農業與友善生產方式之差異。

◆ 地產地消永續農業：結合農產品、農產加工品之生產、加工與交易等過程，有益於在地生產、在地消費、整體經濟發展及促進就業，強化農產品生產安全之管理，增加農漁村就業機會，促進農業永續發展。

必學！學校教育訓練相關──第15條

這條法規則跟學校教育息息相關，羅列出了主管機關與目的事業主管機關應協助各級學校及幼兒園推行之相關事項，因此學校行政人員看過來！

◆ 辦理所屬人員食農教育訓練。

◆ 鼓勵學校、幼兒園透過課程、膳食供應及相關宣導，進行食農教育相關之學習體驗及實作活動，落實健康飲食生活實踐，並培養學生飲食相關知能，提升對於飲食及農業之理解，強化對

在地農業之支持。

◆ 優先參與主管機關與目的事業主管機關所輔導之相關機關
（構）、法人、團體辦理之食農教育課程及體驗活動。

🫑 教學日常十件事的實踐力

在食農教育法中，與教育息息相關的可說不少，也是身為教師
的我們可以帶學生實踐力行，不管是跟教室小農一樣從班級做起，或
是學校整體規劃一起做都是很棒的開始，開始就是厲害。

◆ 學校端

1.全校系統實踐，食農教育的精神納入課綱或校本課程。

2.設計限定課程，進行食農教育的學習體驗和實作活動。

3.舉辦講座研習，強化老師飲食及農業相關知識與技能。

4.結合膳食供應，參觀膳食工廠，了解營養午餐的食材選擇與料
理過程。

5.支持在地小農，選購相關農產品，讓孩子能與飲食、農業和環
境做連結。

◆ 教室小農端

1.課程跨域結合，食農教育結合語文、數學、自然、社會、健
體、藝文等融入學生的知識學習體系。

2.師生樂當小農，完整體驗實際種植到收成的過程，體會農民辛

苦與對土地的感恩。

3.戶外教學體驗，在地農業生產至食品消費過程之各種活動，讓學生對於飲食生活有更深入的理解，擁有健康飲食生活。

4.結合午餐教育，學習餐桌禮儀與飲食文化，吃出營養也吃出飲食素養。

5.學生專題研究，利用寒暑假進行食農相關專題探討與研究。

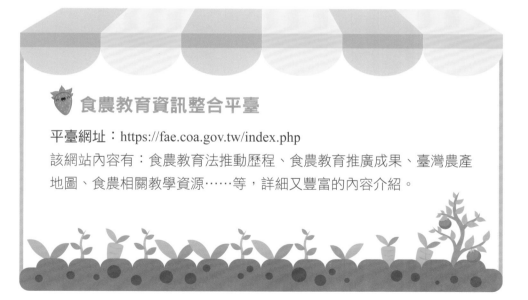

食農教育資訊整合平臺

平臺網址：https://fae.coa.gov.tw/index.php

該網站內容有：食農教育法推動歷程、食農教育推廣成果、臺灣農產地圖、食農相關教學資源……等，詳細又豐富的內容介紹。

Point 4 小農蔬果時間軸

老一輩的人去市場買菜總是一再強調要「得時」(臺語馬ㄟ通)，其實就是我們說的要選對時節吃對的食物，別在夏天硬要吵著吃草莓或茼蒿，或是在冬天硬要啃芒果，那就是冷凍ㄟ……不好。

臺灣四季的蔬菜種類五花八門，不管走進傳統市場或是全X，一眼望去各樣蔬菜擺好擺滿，任君／婦挑選。現代人都強調健康新鮮無負擔，因此就要從「懂得選擇」開始，選新鮮當季當地的蔬果是維持身體健康不二法門，不但健康效果加倍，味道更是甜美加分，更令人一

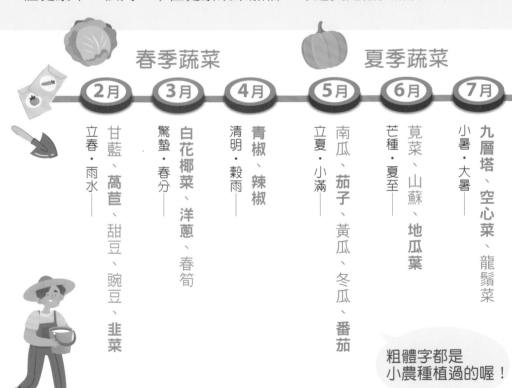

春季蔬菜　　夏季蔬菜

2月	3月	4月	5月	6月	7月
立春・雨水	驚蟄・春分	清明・穀雨	立夏・小滿	芒種・夏至	小暑・大暑
甘藍、**萵苣**、甜豆、豌豆、**韭菜**	**白花椰菜**、**洋蔥**、春筍	**青椒**、**辣椒**	南瓜、**茄子**、黃瓜、冬瓜、**番茄**	莧菜、山蘇、**地瓜葉**	**九層塔**、**空心菜**、龍鬚菜

粗體字都是小農種植過的喔！

試成主顧，直接幫你達到「省錢、安全、環保」三大優點。

　　跟著「得時蔬菜種植時間軸」來看看四季可以種那些蔬菜喔！而文字標示加粗的蔬菜則表示有教室小農掛保證的，曾在教室農田種過也豐收過，就可從這些種類下手試試看。

小農影片 QRcode

　　這裡放了一些教室小農的日常活動，可以一睹小農的走廊農田，也可以看到都市高樓的玉米生長，不怕你掃碼，就等你進入小農影片的動態世界。

秋季蔬菜　　　　　　　　　冬季蔬菜

| 8月 | 9月 | 10月 | 11月 | 12月 | 1月 |

立秋・處暑｜
山藥、**秋葵**、蓮藕、玉米

白露・秋分｜
杏鮑菇、**茄子**、菱角、**甜椒**

寒露・霜降｜
蕃薯、馬鈴薯、**胡蘿蔔**

立冬・小雪｜
茼蒿、**白菜**、芥菜、油菜、**結球萵苣**、萵苣

大雪・冬至｜
蔥、**胡蘿蔔**、芫荽(香菜)、高麗菜

小寒・大寒｜
白蘿蔔、菠菜、牛蒡、甜豆、**青花菜**

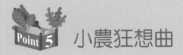

Point 5 小農狂想曲

　　教室小農九年來嘗試許多新鮮事，但新鮮事永遠都在更新版，所以仍有一堆狂想點子等候登場亮相，小農世界真的什麼都能玩，什麼都好玩。

文創商品量產

　　雷雕木板、文青環保袋及小農明信片等都是經典限量產品，但都超吸睛也被敲碗量產，或許可以結合藝文課程或校本課程，爭取學校認同與經費贊助，就能量產文創商品，包含結合SDGs的杯墊、飲料袋、購物袋、文具等小物等，說不定還能變身成學校榮譽榜的獎品讓學生兌換呢。

進軍超市擺攤

　　鄰近本校就有大型購物商場，商場內的超市販售各式蔬菜，教室小農的狂想目標之一就是將小農種植的無毒新鮮蔬菜引進商場超市，來個「一日快閃店」，由學生當店長親自販售自己種植的蔬果。

YT料理秀

　　之前搭配語文課，小農直接走廊農田採收蔬菜進教室炒出一盤香噴噴的炒飯，學生全程錄影再後製，效果出奇的好。既然如此就來YT開個頻道，未來的任何一道料理，管它是川燙蔬菜還是涼拌黃瓜都來錄好影片，再後製上架到專屬頻道，讓每個學生都能秀上一段，歡迎屆時「訂閱＋小鈴鐺＋分享」。

快閃商品

　　過去小農製作的農產品都是上網義賣，學校左右鄰居反而沒有口福嘗鮮，接下來就是造福校園師生的時刻了。提早一天公布隔天快閃商品品項與數量，當然還有快閃時間與地點。你問:要是沒賣出去怎麼辦？班上學生這麼多、科任老師這麼多，還怕吃不完嗎？還有還有，既然是快閃商品，老師就不能偷偷接預約單喔！

神農市集擺攤

　　高雄市有著名的神農市集就在凹仔底森林公園，集結了各地各區農特產品在此聯合銷售，小農也曾想向市政府租一個攤位，擺上各種新鮮蔬果，小農學生輪流上場顧攤，我想爸媽及阿公阿嬤都會來場捧場，用新臺幣下架新鮮蔬菜才是。

料理食譜書

小農的涼拌小黃瓜跟蜜漬番茄都大獲好評，學生也都寫成料理食譜，當未來的料理愈來愈多時，透過小農之手，一一將各種創意食譜寫下，然後我們就要來網路集資出版啦！應該首刷一百本沒問題吧！

教室餐廳

我們曾在教室辦過「誰來午餐」邀請家長師長來當神祕嘉賓一起用餐，位在教室一角的餐廳雖小但溫馨又具特色。在疫情散去之後，教室餐廳即將重新開幕，平時供學生輪流預約用餐，也開放家長、老師預約各式主題餐廳，餐點則是以營養午餐為基底，搭配小農新鮮食材做變化。無菜單料理的隨機預約餐廳，準備打電話了！

公司契作收購

許多大企業都會跟小農契作合作，小農收成全部直接收購，不但穩定小農生計也穩固企業貨源，教室小農的農作也歡迎大家來與我們合作，當然啦～～農作量有限之下只能選擇小小單位、家庭、家長會或鄰近大樓住戶合作，不便之處尚請多多包涵。

烘焙教室開課

蔥麵包應該是許多人愛吃的麵包，吐司披薩也是不少人曾經嘗試過的簡單料理，這些蔥、九層塔、番茄等食材都在教室小農中可輕鬆取得。如果能將這些自己種植的蔬菜放進麵包或披薩中，這烘焙出來的應該超級美味又健康！未來烘焙教室將先推出單一產品「蔥麵包」試試水溫，不過應該排隊也買不到吧！一切採取線上預約取貨。

Point 6　小農冷知識大富翁

起點

小農冷知識
大冒險開始囉！

遊戲規則：

一、遊戲人數約2至4人，準備一個骰子及參與者各自代表的物品。

二、骰到多少數字，就往前走幾格，到達格子後，回答格子上的問題。

三、回答完所骰到之該格的問題後，依對錯進行獎懲。

四、看誰先抵達終點，誰就是小農冷知識王！

青椒繼續長就會變彩椒嗎？

答對往前5格，
答錯退3格。

洋蔥不會開花嗎？

答對往前２格，
答錯退回起點。

番茄的花是白色的嗎？

答對往前２格，
答錯退回起點。

花椰菜蓋棉被就能長得比較整齊漂亮嗎？

答對往前３格，
答錯退１格。

九層塔開花不用理會？

答對往前2格，
答錯退2格。

一株玉米植栽只能留一根玉米長大嗎？

答對往前１格，
答錯原地不動。

玉米是不是從頂端長出來？

答對原地不動，
答錯退1格。

一根玉米鬚就能長出一粒玉米粒？

答對往前１格，
答錯原地不動。

香蕉皮是不是天然的肥料？

無論答對或答錯，
都原地不動。

13 每一個小黃瓜果實不一定都會長大？

答對往前2格，
答錯退1格。

14 秋葵的花可不可以開很多天？

答對直達終點，
答錯原地不動。

15 土壤上一顆顆小圓球是蚯蚓製造的嗎？

答對往前3格，
答錯退3格。

12 玉米的小時候就是玉米筍嗎？

答對往前1格，
答錯退回起點。

17 玉米高度大概只能長大150公分？

答對往前2格，
答錯退2格。

16 醜食物還是一樣美味可口嗎？

答對直達終點，
答錯退回原點。

11 葉子上的白色線條是天然的嗎？

答對往前3格，
答錯退1格。

18 蔥或韭菜可以多次採收嗎？

答對往前1格，
答錯退1格。

19 小黃瓜不可以生吃？

答對往前1格，
答錯退回起點。

10 蚯蚓對植物而言是害蟲嗎？

答對往前1格，
答錯退回起點。

20 番茄一次可以長很多顆嗎？

答對原地不動，
答錯退2格。

終點

恭喜你成為
小農冷知識王！

答案 1.不是，黃色 2.會，白色球花 3.不會 4.是 5.不是，從側腋 6.是 7.需要，要剪下來 8.否，營養夠可以多留幾根 9.是 10.不是，是神隊友 11.不是，是蟲爬過所導致 12.是 13.是 14.不可以，一天 15.是 16.是 17.否，有些可生長到200公分以上 18.是 19.否，有機乾淨可生吃 20.是

國家圖書館出版品預行編目資料

一步蔬果．小農雜學力：第一本校園食農全紀錄 / 賴秋江, 王彥嵓著．
-- 初版 . -- 臺北市：幼獅文化事業股份有限公司, 2023.09
面； 公分 . -- (工具書館；19)
ISBN 978-986-449-295-4(平裝)

1.CST: 農村教育　2.CST: 永續農業　3.CST: 小學教學

523.36　　　　　　　　　　　　　　　　　　112010070

・工具書館019・

一步蔬果 🍎 小農雜學力：第一本校園食農全紀錄

作　　　者＝賴秋江、王彥嵓
出 版 者＝幼獅文化事業股份有限公司
發 行 人＝葛永光
總 經 理＝王華金
總 編 輯＝林碧琪
主　　　編＝沈怡汝
編　　　編＝白宜平
封面設計＝游巧鈴
美術編輯＝李祥銘
總 公 司＝(10045)臺北市重慶南路1段66-1號3樓
電　　　話＝(02)2311-2832
傳　　　真＝(02)2311-5368
郵政劃撥＝00033368

印　　　刷＝威勝彩藝印刷事業股份有限公司
定　　　價＝520元
港　　　幣＝173元
初　　　版＝2023.09
書　　　號＝943001

幼獅樂讀網
http://www.youth.com.tw
幼獅購物網
http://shopping.youth.com.tw/
e-mail:customer@youth.com.tw

行政院新聞局核准登記證局版臺業字第0143號

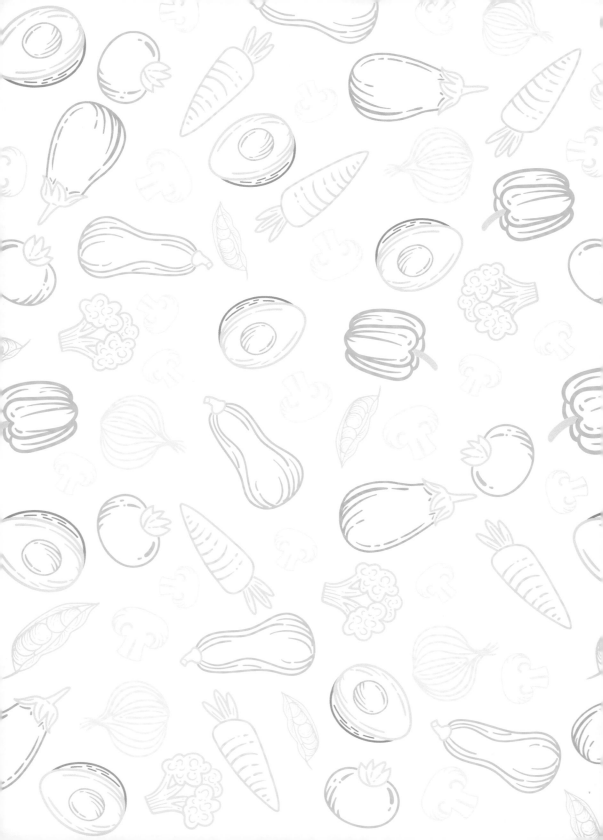